数字媒体
运营方法与实务

威凤教育 主编

人民邮电出版社

北京

图书在版编目（CIP）数据

数字媒体运营方法与实务 / 威凤教育主编. -- 北京：人民邮电出版社，2020.11
ISBN 978-7-115-54979-2

Ⅰ．①数… Ⅱ．①威… Ⅲ．①数字技术－传播媒介－运营管理－研究 Ⅳ．①G206.2

中国版本图书馆CIP数据核字(2020)第198671号

内 容 提 要

本书深入浅出地讲解了数字媒体运营不同类型的工作内容，并用实战案例进一步引导读者掌握不同类型媒体的运营方法与技巧。

全书共7章，主要讲述了数字媒体运营的基础知识，以及图文类媒体平台运营方法、短视频媒体运营方法、直播运营方法、用户运营方法、活动运营方法，并辅以3个典型的数字媒体运营实战案例，由浅入深地带领读者一步步加深对数字媒体运营的认知，提升自身的工作能力。本书每一章的章末都附有同步强化模拟题及作业，以帮助读者检验知识掌握程度，学会灵活运用所学知识。

本书内容丰富，结构清晰，语言简练，图文并茂，具有较强的实用性和参考性。本书不仅可以作为备考数字媒体交互设计"1+X"职业技能等级证书的教材，还可以作为各类院校及培训机构相关专业的辅导书，也非常适合作为数字媒体运营新人的参考用书，以及数字媒体运营部门的工作指南。

◆ 主　　编　威凤教育
　　责任编辑　牟桂玲
　　责任印制　王　郁　马振武

◆ 人民邮电出版社出版发行　　北京市丰台区成寿寺路11号
　　邮编　100164　　电子邮件　315@ptpress.com.cn
　　网址　https://www.ptpress.com.cn
　　北京瑞禾彩色印刷有限公司印刷

◆ 开本：800×1000　1/16
　　印张：10.5
　　字数：202千字　　　　　　2020年11月第1版
　　印数：1－10 000册　　　　2020年11月北京第1次印刷

定价：59.00元

读者服务热线：(010)81055410　印装质量热线：(010)81055316
反盗版热线：(010)81055315
广告经营许可证：京东市监广登字 20170147 号

数字媒体交互设计"1+X"证书制度系列教材编写专家指导委员会

主　任：郭功涛

副主任：吕资慧　冯　波　刘科江

"1+X"证书制度系列教材编委

张来源　陈　龙　廖荣盛　刘　彦

韦学韬　吴璟莉　陈彦许　程志宏

王丹婷　赵　超　陈丽媛　魏靖如　刘　哲

本书执行主编：邹鹏程

本书执笔作者：邹鹏程　杨　乐

出版说明

在信息技术飞速发展和体验经济的大潮下，数字媒体作为人类创意与科技相结合的新兴产物，已逐渐成为产业未来发展的驱动力和不可或缺的能量。数字媒体的发展通过影响消费者行为，深刻地影响着各个领域的发展，消费业、制造业、文化体育和娱乐业、教育业等都受到来自数字媒体的强烈冲击。

数字媒体产业的迅猛发展，催生并促进了数字媒体交互设计行业的发展。而人才短缺成为数字媒体交互设计行业的发展瓶颈。据统计，目前我国对数字媒体交互设计人才需求的缺口大约在每年20万人。数字媒体交互设计专业的毕业生，适合就业于互联网、人工智能、电子商务、影视、金融、教育、广告、传媒、电子游戏等行业，从事网页设计、虚拟现实场景设计、产品视觉设计、产品交互设计、网络广告制作、影视动画制作、新媒体运营、3D游戏场景或界面设计等工作。

凤凰卫视传媒集团成立于1995年，于1996年3月31日启播，是亚洲500强企业，是华语媒体中最有影响力的媒体之一。以"拉近全球华人距离，向世界发出华人的声音"为宗旨，为全球华人提供高素质的华语电视节目。集团业务除卫星电视外，同时致力于互联网媒体业务、户外媒体业务、教育领域、文创领域、科技领域、金融投资、文旅地产等多元化的业务布局与产业发展。

凤凰新联合（北京）教育科技有限公司（简称凤凰教育）作为凤凰卫视传媒集团旗下一员，创办于2008年，以培养全媒体精英，高端技术与管理人才为己任。从职业教育出发，积极促进中国传媒艺术与世界的沟通、融合与发展。凤凰教育近十年在数字媒体制作、设计、交互领域与全国百所高校及凤凰卫视集团旗下300多家产业链上下游合作企业多年来培养了大量的交互设计人才，为推动全国近千家传媒企业在媒体交互人才普及奠定深厚的基础。

威凤国际教育科技（北京）有限公司（简称威凤教育）作为凤凰教育全资子公司，凤凰卫视集团旗下的国际化、专业化、职业化教育高端产品提供商，在数字媒体领域从专业人才培养、商业项目实践、资源整合转化、产业运营管理探索并形成完善体系。凤凰教育为教育部

1+X证书制度试点"数字媒体交互设计职业技能等级证书"培训评价组织,授权威凤教育作为唯一数字媒体交互设计职业技能岗位资源建设、日常运营管理单位。

为深入贯彻《国家职业教育改革实施方案》(职教20条)精神,落实《关于在院校实施"学历证书+若干职业技能等级证书"制度试点方案》的要求,威凤教育根据多年的教学实践,并追踪国际最新数字媒体技术,自主研发这套"1+X"数字媒体交互设计职业技能等级证书系列教材。

"1+X"数字媒体交互设计职业技能等级证书系列教材按照"1+X"职业技能等级标准和专业教学标准要求编写而成,能满足高等院校、职业院校广大师生及相关人员对数字媒体技术教学及职业能力提升的需求。本系列教材还将根据数字媒体技术的发展,不断修改、完善和扩充,始终保持追踪数字媒体技术最前沿的态势。为保障本系列教材内容具有较强的针对性、科学性、指导性和实践性,威凤教育专门成立了由部分高等院校的教授和学者,以及企业相关技术专家等组成的专家组,指导和参与本系列教材的内容规划、资源建设和推广培训等工作。

威凤教育希望通过不断的努力,着力推动职业院校"三教"改革,提升中、高、本科院校教师实施教学能力,促进校企深度融合,为国家深化职业教育改革、提高人才质量、拓展就业本领等方面做出贡献。

威凤国际教育科技(北京)有限公司

2020年9月

前言
Foreword

随着科学技术的飞速发展，数字媒体已然与大众的生活、工作紧密结合在一起，成为大众所依赖的一种获取信息的媒体渠道。同时由于数字媒体具备成本低、效率高、传播广、效果好等特点，也成为众多的企业、品牌重要的宣传渠道，越来越多的品牌与企业通过数字媒体渠道提升品牌知名度、美誉度，扩大品牌影响力，提高产品销量，积累忠实用户群体。数字媒体领域已经成为众多企业、品牌营销的重要阵地，因此数字媒体运营成为各大公司的重要部门之一，而专业的数字媒体运营人员更是各大企业、品牌急需的人才储备。本书从认知数字媒体运营讲起，涵盖了活动运营、内容运营、产品运营、用户运营等不同类型运营工作所需掌握的方法与技巧，帮助读者由浅入深地了解并掌握数字媒体运营的基础知识与工作方法，快速提高职业素养。

本书内容

全书分为7章，各章的具体内容如下。

第1章为"认识数字媒体运营"，全面介绍数字媒体运营的概念、特点、工作类型，帮助读者了解想要成为一名数字媒体运营工作者所需具备的能力及后续职业发展规划。

第2章为"图文类媒体平台运营实务"，详细介绍图文类平台及图文类平台的内容运营方法，帮助读者更深入了解内容运营的工作，快速提高撰写内容的能力。

第3章为"短视频媒体运营实务"，从平台认知、技术运营、内容运营、数据运营4个方面深入剖析短视频媒体的运营技巧与方法。

第4章为"直播运营实务"，从直播策划、直播流程、直播脚本、数据分析4个维度剖析直播媒体的运营技巧。

第5章为"用户运营"，从用户定位、用户新增、用户留存、用户促活、用户转化、用户传播与裂变、用户分层与激励7个层面来深度解析用户运营的相关工作内容及技巧。

第6章为"如何运营一场活动"，从项目策划、物料筹备、推广引流、项目实施、活动后期传播、总结复盘6个方面剖析一场活动运营的全流程。

第7章为"数字媒体运营实战案例"，拆解完美日记的新品发售、江小白七夕活动、董明珠直播带货3个案例，进一步介绍策划及开展运营活动的流程及运营要点。

本书特色

1. 理论与实操并重

本书内容是先理论后实操,整体节奏循序渐进,通过理论解析+案例拆解的模式,帮助读者快速了解、熟悉掌握数字媒体运营相关知识与工作方法。

2. 章节随测

每章末尾都附有同步强化模拟题和作业,方便读者随时检测学习效果,查漏补缺。

本书资源

关注微信公众号"职场研究社",回复关键词"54979",即可获得本书配套PPT课件及视频课程。

读者收获

学习完本书后,读者可以熟练掌握数字媒体运营的操作技巧及方法,还会对活动运营、内容运营、产品运营、用户运营等工作有更加深入的理解。

本书在撰写过程中难免存在错漏之处,还希望广大读者批评指正。本书责任编辑的电子邮箱为muguiling@ptpress.com.cn。

编者

2020年9月

目录 Contents

第1章 认识数字媒体运营　001
1.1 数字媒体的概念　002
1.2 认识数字媒体运营　002
　1.2.1 数字媒体运营的概念　003
　1.2.2 数字媒体运营的特点　003
1.3 数字媒体运营的工作类型　004
　1.3.1 活动运营　004
　1.3.2 内容运营　005
　1.3.3 产品运营　005
　1.3.4 用户运营　006
　1.3.5 社群运营　007
　1.3.6 短视频运营　008
1.4 数字媒体运营岗位能力清单　008
1.5 数字媒体运营人才成长路径　009
1.6 同步强化模拟题　010
1.7 作业　011

第2章 图文类媒体平台运营实务　012
2.1 认识四大图文类媒体平台　013
　2.1.1 知乎　013
　2.1.2 微博　014
　2.1.3 头条号　015
　2.1.4 微信公众号　016
2.2 图文媒体平台的内容运营　017
　2.2.1 选题　018
　2.2.2 标题　020

　2.2.3 正文　024
　2.2.4 图文设计，打造用户喜欢看的内容　034
　2.2.5 排版及内容优化，提升网络内容质量　035
2.3 同步强化模拟题　038
2.4 作业　039

第3章 短视频媒体运营实务　040
3.1 认识两大核心短视频平台　041
　3.1.1 快手平台　041
　3.1.2 抖音平台　044
3.2 短视频的技术运营　048
　3.2.1 拍摄工具及技巧　048
　3.2.2 剪辑方法及工具　050
3.3 短视频的内容运营　052
　3.3.1 短视频的内容创作特征　052
　3.3.2 短视频的内容展现形式　053
　3.3.3 "爆款"短视频运营方法　055
3.4 短视频平台的数据运营　059
　3.4.1 短视频运营的五大数据指标　059
　3.4.2 短视频运营必备的数据分析工具　064
3.5 同步强化模拟题　066
3.6 作业　067

第4章 直播运营实务 068

4.1 认识直播 069
- 4.1.1 直播的类型 069
- 4.1.2 直播的四大营销优势 069

4.2 直播策划 070
- 4.2.1 直播策划方案 070
- 4.2.2 产品运营 073
- 4.2.3 活动运营 079

4.3 内容运营 083
- 4.3.1 直播流程 083
- 4.3.2 直播脚本 085
- 4.3.3 直播预热 087

4.4 数据运营 089
- 4.4.1 直播时长 089
- 4.4.2 在线人数 089
- 4.4.3 停留时长 090
- 4.4.4 转粉率 090
- 4.4.5 转化率 090

4.5 同步强化模拟题 092
4.6 作业 093

第5章 用户运营 094

5.1 用户定位 095
- 5.1.1 用户数据分析 095
- 5.1.2 建立用户画像 095
- 5.1.3 用户需求分析 096

5.2 用户新增 098
- 5.2.1 图文渠道的用户增长 099
- 5.2.2 短视频渠道的用户增长 100
- 5.2.3 直播渠道的新用户增长 103

5.3 用户留存 103
- 5.3.1 用户留存渠道 103
- 5.3.2 用户留存手段 106

5.4 用户促活 107
- 5.4.1 内容促活 108
- 5.4.2 活动促活 108

5.5 用户转化 110
- 5.5.1 平台直接转化 110
- 5.5.2 私域转化 111

5.6 用户传播与裂变 112
- 5.6.1 平台内传播 112
- 5.6.2 私域裂变 112

5.7 用户分层与激励 114
- 5.7.1 用户分层管理 114
- 5.7.2 用户激励 115

5.8 同步强化模拟题 117
5.9 作业 118

第6章 如何运营一场活动 119

6.1 项目策划 120
- 6.1.1 确定主题 120
- 6.1.2 方案撰写 122
- 6.1.3 人员分工 125

6.2 物料筹备 125

6.2.1 活动宣传物料　　　125
　　　6.2.2 活动奖励物料　　　130
　6.3 宣传、推广、引流　　　131
　　　6.3.1 微信平台　　　131
　　　6.3.2 短视频+直播平台　　　132
　　　6.3.3 其他平台　　　135
　6.4 项目实施　　　137
　　　6.4.1 上线前测试　　　137
　　　6.4.2 用户互动与活跃　　　137
　　　6.4.3 人员分工　　　137
　　　6.4.4 活动效果统计　　　138
　6.5 活动后期传播　　　138
　6.6 总结复盘　　　139
　6.7 同步强化模拟题　　　141
　6.8 作业　　　142

第7章 数字媒体运营实战案例　　　143

　7.1 实战案例　　　144
　　　7.1.1 案例一：完美日记"探险家十二色眼影"发售活动　　　144
　　　7.1.2 案例二：江小白七夕"我有我味"活动　　　147
　　　7.1.3 案例三：董明珠分销直播带货　　　150
　7.2 同步强化模拟题　　　153
　7.3 作业　　　154

附录 同步强化模拟题答案速查表　　　155

第 1 章

认识数字媒体运营

数字媒体运营是近年来新兴的媒体运营概念,深受各大企业的青睐。数字媒体运营包括活动运营、内容运营、产品运营、用户运营、社群运营和短视频运营等。运营人员通过数字媒体可以将信息传递给陌生的用户或群体,引导用户情绪、用户行为及社会舆论,从而达到品牌曝光、产品推广的目的,因此数字媒体运营对运营人员的能力要求较高。本章内容将围绕数字媒体的概念、特点及运营人员的岗位要求展开。

1.1 数字媒体的概念

数字媒体是一个不断变化的概念，相对于报纸、电视等传统媒体而言，数字媒体是基于现代信息科技，结合新兴的媒体渠道，通过手机、电脑等工具，最终给用户传递信息、提供服务的媒体形态，如图1-1所示。

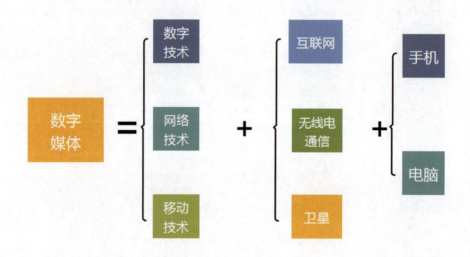

图1-1

数字媒体的本质仍是媒体，是数字化的图片、文字、音频、视频等。相比传统媒体单一的展现形式，数字媒体的展现形式更为多样化，可以把文字、图片、音频、画面等融合为一体，随时随地、没有限制地拓展内容，使内容更加丰富。

数字媒体最大的意义在于"每一个普通人都可以发声，每一个普通人都有对内容的投票权"。在以电视、报纸等传统媒体为主要传播渠道的时代，用户很难参与到信息内容的选择与编写中，而数字媒体的出现能够让用户更好地打破时间和空间的限制，参与信息的讨论与传播。因此，用户既可以是内容接收者，又可以是内容传播者，同时还可以是内容制造者。"人人都是生产者，人人都是传播者"，这样的媒体环境更有助于用户的社交活动，充分体现了当代数字媒体的"信息+社交"功能。

1.2 认识数字媒体运营

运营是帮助用户完成产品使用目的的干预行为，而数字媒体运营就是利用数字媒体来帮助用户完成使用产品目的的干预行为。

1.2.1 数字媒体运营的概念

数字媒体运营的最终目的是获取用户、增加品牌曝光度、提高产品购买率。运营人员需要通过策划线上或线下活动、制作优质并具备高传播属性的内容，达到向更多用户精准推送消息的目的。因此，数字媒体运营是一个相对宽泛的概念，是运营人员通过互联网，利用新兴的媒体平台（见图1-2）向用户提供服务、传递信息，进行品牌曝光、产品推广的运营方式。

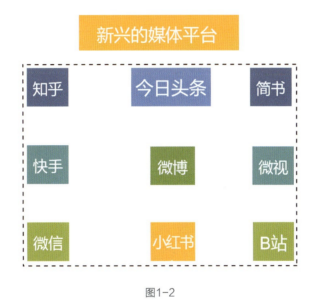

图1-2

1.2.2 数字媒体运营的特点

相比于传统媒体，数字媒体具有传播速度快、更新及时、传播成本低、信息含量大、全球传播、搜索便捷、互动性强、多媒体传播等特点，满足了用户随时随地分享内容的需求，改变了依靠传统单一的官方媒体渠道发声的困境，让每一个个体都可以通过数字媒体产业为自己的实体行业发声，如进行品牌宣传、产品推广等，大大减少了个人、企业发声的成本。

基于数字媒体自身的特点，数字媒体运营具备传播方式更为多样化、个性化、实时化、多元化的特点，可以让受众和生产者自主选择喜欢的内容类型，如图1-3所示。

图1-3

1.3 数字媒体运营的工作类型

数字媒体运营根据工作内容，可以简单分为六大类型，如图1-4所示。

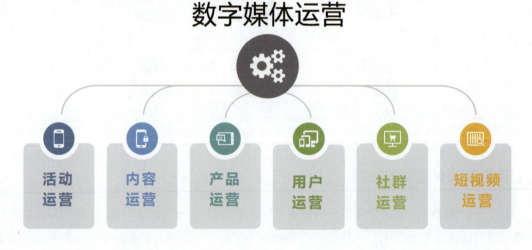

图1-4

1.3.1 活动运营

活动运营就是指运营人员以用户为中心，以达成目标为导向，根据提前设定好的明确且可量化的目标，通过策划（如活动的主题、时间、对象、方式、目标、预算、流程）并执行（确认资源、宣传投放、线上运营）短期或长期活动，最终在特定时间段内吸引用户参与活动并提高产品指标（对应既定目标）的运营过程。

大到"天猫双十一""京东618""抖音奇妙好物节"，小到"社区直饮点""扫码领取气球"等都离不开活动运营的影子。

1.3.2 内容运营

内容运营是以内容为核心，运营人员通过创作、编辑等方式，利用数字媒体渠道及文字、图片、音频、视频等表现形式，呈现出对提高用户黏性、活跃度有促进作用的优质内容，提高内容价值及相关的内容传播数据（如阅读量、播放量、互动数等），激发用户的消费情绪，引导用户消费行为，与用户建立信任感的运营过程。

诸如微信公众号里的文章、朋友圈的文案、今日头条里的短视频、微博上的段子等，这些都属于内容运营的范畴。

1.3.3 产品运营

产品运营是指运营人员通过一系列运营手段，分析市场数据与用户的需求，并反馈给制作或迭代产品的人员，促进产品优化，促使用户使用或购买的运营过程，如图1-5所示。

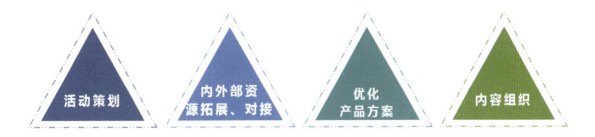

图1-5

上对技术、下接设计，线上产品方案、线下项目管理，一切围绕产品展开工作是产品运营人员的日常。如网易邮箱、钉钉、微信、华为手机、小米电视等产品，都是产品运营人员经过产品研发期、产品种子期两个阶段逐渐呈现在用户眼前的，之后根据用户的反馈，进入产品成长期与产品成熟期阶段，使产品更加符合用户需求，方便用户使用，最终走向产品衰退期，如图1-6所示。

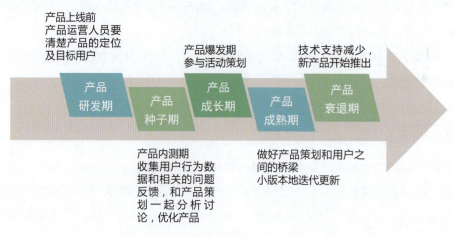

图1-6

1.3.4 用户运营

　　用户运营是指运营人员以用户为中心，通过各种运营手段提高与用户相关的数据指标，如用户新增数、留存率、活跃度、传播率和转化率等，最终达到提高用户参与度和忠诚度，增强用户黏性与贡献度的运营过程。

　　搭建用户模型、促活用户、分层管理用户是一个用户运营人员的日常工作内容，如图1-7所示。

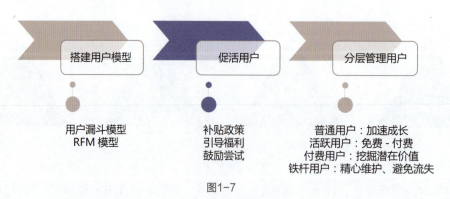

图1-7

　　搭建用户模型中最重要的两个模型是用户漏斗模型、RFM模型。其中，用户漏斗模型也称为AARRR模型。第一个A是指用户获取（Acquisition），第二个A是指用户激活（Activation），第一个R是指用户留存（Retention），第二个R是指用户收益（Revenue），最后一个R是指用户传播（Referral）。RFM模型是根据最近一次用户的消费时间

(Recency)、消费频次(Frequency)和消费金额(Monetary)3个指标构建的用户分层模型,主要用于衡量用户价值与创利能力。

例如,很多App(如滴滴出行、美团外卖等)上市,初期的用户运营就是"拉新"(用户下载、注册软件)、"留存"(使用软件),后期用户运营则是"促活"(让用户复购、增加使用频次)。

1.3.5 社群运营

社群运营是指依托社群建立私域流量,进行社群管理、制定群内规则、组织社群活动、增强社群活跃度、提高社群黏性、促进用户转化、实现业务增长的运营过程。图1-8所示的是社群运营人员设置群规、负责解答群内问题、活跃社群氛围的实际场景。

图1-8

1.3.6 短视频运营

短视频运营是指运营人员通过抖音、火山、快手、B站、微视、美拍等短视频平台所进行的品牌宣传、产品推广、人设包装等活动，向用户推送优质且具传播性的视频内容，从而达到营销目的的运营过程。短视频运营人员的工作内容主要包括内容策划、用户维护、渠道推广和数据分析等。

目前，人才市场紧缺各类优秀的数字媒体运营人员，其中社群运营人员与短视频运营人员尤受欢迎。

1.4 数字媒体运营岗位能力清单

数字媒体运营岗位是一个相对开放的工作岗位，行业内有这样一句话："运营是个筐，需要什么装什么；运营是块砖，哪里需要哪里搬。"由此可见数字媒体运营人员需要具备较强的专业能力。其必备的技能清单如表1-1所示。

表1-1

必备技能	1. 文字表达能力 （1）能够用简洁的文字将自己的思路清晰地表达出来 （2）通过优质内容（如卖货文案、推送文案、社群文案、朋友圈文案、微信公众号推文、短视频内容等）向用户解释清楚活动规则、产品功能特点、解答疑问等，避免用户产生误解
	2. 人际沟通能力 （1）对内：同事、同部门、跨部门 （2）对外：用户、合作方
	3. 用户洞察力 （1）具备共情能力 （2）站在用户角度考虑问题
	4. 热点追踪能力
	5. 团队及项目管理能力
	6. 渠道整合能力 （1）企业内部的线下门店、线上账号 （2）企业外部的合作对象，如其他公司、行业网站，以及各大自媒体平台KOL[①]
	7. 数据分析能力

---

① KOL：KOL为Key Opinion Leader的缩写，中文意思为关键意见领袖，指拥有更多、更准确的产品信息，并且为相关群体所接受或信任，对该群体的购买行为有较大影响力的人。

1.5 数字媒体运营人才成长路径

可以说,数字媒体运营人员是各个企业的紧缺人才,数字媒体运营人员的职业发展路径有两条,如图1-9所示。

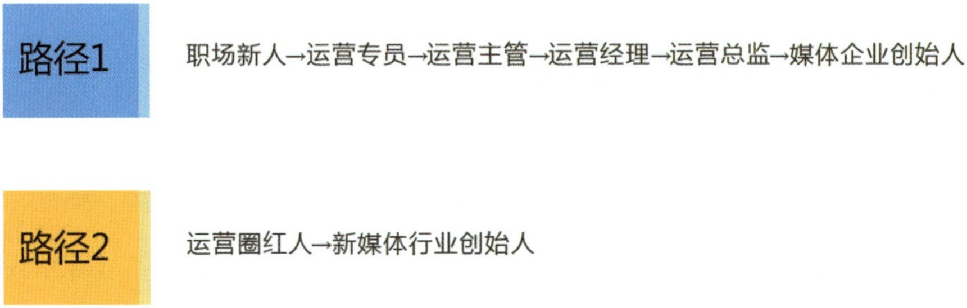

路径1　职场新人→运营专员→运营主管→运营经理→运营总监→媒体企业创始人

路径2　运营圈红人→新媒体行业创始人

图1-9

路径1:职场新人→运营专员→运营主管→运营经理→运营总监→媒体企业创始人

运营专员需要具备内容运营、活动运营、产品运营、用户运营的能力,须有1年以上的工作经验;运营主管需要具备数据分析、市场运营、品牌事务管理的能力,须有2~3年的工作经验;运营经理需要具备多渠道运营、多业务驱动、开拓新流量渠道的能力,须有4~5年的工作经验;运营总监[内容方向,首席内容官(CCO);市场方向,首席市场官(CMO);运营方向,首席运营官(COO)]需要具备制定品牌战略、规划年度营销目标等能力,须有5年以上的工作经验;媒体企业创始人需要具备企业营销战略规划、运营团队管理、企业业务渠道合作、品牌打造、数据分析等能力。

路径2:运营圈红人→新媒体行业创始人

微博"大V"①、微信公众号"大牛"②、网络红人都属于运营圈红人。通过各大平台沉淀忠实用户,积累原始资本,完成从运营圈红人到新媒体行业创始人的转变,建立多渠道网络服务(Multi-Channel Network,MCN,这是一种新的网红经济运作模式),成为品牌运营服务商是大多数自由数字媒体运营人选择的职业发展之路,如"papi酱"创立短视频MCN机构"papitube"。

---

① 微博"大V":指在新浪、腾讯、网易等微博平台上获得个人实名认证,拥有50万以上"粉丝"的微博用户。
② 大牛:网络用语,指在某个领域很突出的优秀人物。

1.6 同步强化模拟题

一、单选题

1. 数字媒体运营是借助（　　）给用户传递信息、提供服务的媒体形态。
   A. 数字技术＋网络技术＋手机、电脑终端
   B. 移动技术＋网络技术＋手机、电脑终端
   C. 数字、网络、移动技术＋互联网、无线电通信、卫星＋手机、电脑
   D. 网络技术＋无线电通信＋手机、电脑终端

2. 产品，如钉钉、微信、小米电视等需要经过（　　）5个阶段的运营，才能呈现在用户面前。
   A. 产品研发期→产品种子期→产品成长期→产品成熟期→产品转退期
   B. 产品研发期→产品种子期→产品成长期→产品成熟期→产品衰退期
   C. 活动策划→内部资源拓展→外部资源对接→优化产品方案→内部组织
   D. 活动调研→活动策划→优化产品方案→内部组织

3. 以下不属于用户运营的数据内容的是（　　）。
   A. 新增　　　　B. 裂变　　　　C. 留存　　　　D. 用户渠道

4. 数字媒体相比于传统媒体具有（　　）的特点。
   A. 多样化、个性化、实时化、多元化
   B. 传播成本低、速度快、更新及时、信息量大
   C. 全球传播、搜索边界、多媒体传播、互动性强
   D. 以上全部都是

5. 以下不属于内容运营范畴的是（　　）。
   A. 微博上的段子　　　　　　　　B. 短视频的视频内容
   C. 公众号里的文章　　　　　　　D. 解答群内问题

二、多选题

1. 短视频运营工作内容主要包括（　　）。
   A. 内容策划　　B. 用户维护　　C. 渠道推广　　D. 数据分析

2. 以下选项中，与数字媒体运营相关的岗位有（　　）。

A. 运营专员　　　B. 运营主管　　　C. 产品代理　　　D. 运营经理

3. 数字媒体运营岗位需要具备较强的专业能力，其中必备的技能有（　　）。

A. 人际沟通能力　　　　B. 数据分析能力　　　　C. 产品销售能力

D. 用户洞察力　　　　　E. 热点追踪能力　　　　F. 渠道整合能力

三、判断题

1. 数字媒体可以把文字、图片、音频、视频融为一体，比传统媒体的形式更加多样化，能够让信息更好地跨越时间和空间的限制进行讨论与传播，因此可以取代传统媒体。（　　）

2. 运营人员通过新兴的数字媒体可以将信息传递给不知情的用户或群体，引导用户的情绪、行为及社会舆论，从而达到品牌曝光、产品推广的目的。（　　）

3. 数字媒体相比于传统媒体，最大的区别是具有"信息＋社交"的功能，用户与内容传播是双向的。（　　）

1.7 作业

1. 自我分析：你适合哪种类型的数字媒体运营？
2. 自我分析：你具备数字媒体运营人员必备的哪些技能？

第 2 章

图文类媒体平台运营实务

本章将从图文类媒体平台的认知及内容运营方法两部分展开讲解,其中内容运营是图文类媒体平台运营的核心。

2.1 认识四大图文类媒体平台

图文类媒体平台在互联网络上的占比较大,耳熟能详的图文类媒体平台有知乎、微博、头条号、微信公众号。

2.1.1 知乎

2011年,作为一个网络问答社区,知乎正式上线。"高质量"是知乎的标签。在知识问答和知识付费领域,知乎目前仍属于国内的领跑者,用户可以关注与自己兴趣一致的人,也可以对某一话题进行讨论、回答。

1. 知乎的发展历程

知乎是互联网中少有的持续有高质量内容产出且理性、客观、中立的社区型产品。每当有热点事件出现,知乎总会有客观且深度的高质量回答产出,这让很多人养成了"有问题,上知乎"的习惯。知乎的发展虽不是一帆风顺,但也可谓稳步前进,其发展历程如表2-1所示。

表 2-1

发展阶段	发展情况
2013 年	知乎正式向公众开放注册,仅用不到一年的时间,注册用户迅速由 40 万攀升至 400 万
2017 年 9 月	知乎注册用户超过 1 亿,日活跃用户量达 2600 万,人均日访问时长为 1 小时,月浏览量为 180 亿
2018 年 5 月 8 日	知乎迎来了第一亿个回答
2018 年 5 月 22 日	在第五届盐 Club 新知青年大会上,知乎创始人兼 CEO 周源在演讲中称,知乎的注册用户数达 1.6 亿,年增长率达到 95.12%

2. 知乎的特征

独特的用户属性和专业的解答是知乎最大的两个特征,如图2-1所示。大部分人在遇到无法解决的问题时,"百度一下"最先映入眼帘的有可能就是知乎的答案。这也从侧面印证了两件事,一是知乎的高质量回答受到了更多用户的认可,值得被更多人看到;二是有更多的人愿意把知乎当作获取知识的平台,通过在知乎上进行提问或付费的方式获得专业人士的解答。

图2-1

2.1.2 微博

微博是一个社交媒体平台，用户可以在该平台上分享自身生活、关注感兴趣的人、与其他用户进行简短的实时信息交流。

1. 微博的发展历程

结合微博发展的关键时间节点，可以将微博从诞生至今的发展历程划分为4个阶段，如表2-2所示。

表2-2

发展阶段	发展情况
起家之年（2009年8月—2011年10月）	2009年微博内测，添加了@、私信、评论、转发功能，邀请明星和名人入驻，并进行实名认证，认证之后会在用户名后加上字母"V"，彰显身份，以名人效应拉新，实现早期用户的增长
转折之年（2011年10月—2014年上半年）	2014年微博用户增长率下降。 内部原因：向左走还是向右走的问题。"向左走"指让微博顺应市场自然生长（虚假繁荣）；"向右走"指主动出击，提高竞争力，勇于戳破泡沫。 外部原因：微信对微博的影响，无论是朋友圈还是微信公众号的出现都让微博感到紧张
当打之年（2014年下半年—2017年上半年）	2017年6月，微博月活跃用户达3.61亿，日活跃用户达1.59亿，继续保持稳定快速的增长。整体用户结构下沉，即由一二线城市用户下沉到三四线城市用户，从社交媒体平台下沉到垂直细分领域
求变之年（2017年下半年至今）	2018年微博成立30亿元联合出品基金，从资金、创意、商业化等方面，在内容电商、优质短视频、泛文娱①方向，深度扶持生产优质内容的MCN机构。 2019年8月"绿洲"悄悄上线，与新浪微博以图文、视频为主的信息流推送方式不同，绿洲完全以图片作为主信息流推送，应用界面与Instagram（照片墙）、小红书等应用相似

① 泛文娱：指基于互联网与移动互联网的多领域共生，打造明星IP（Intellectual Property，知识产权）的"粉丝"经济，其核心是IP，可以是一个故事、一个角色或者其他任何大量用户喜爱的事物。

2. 微博的特征

微博具有便捷性高、传播性强两大显著特征，如图2-2所示。

便捷性高

在微博上，用户既可以作为观众浏览感兴趣的信息，也可以作为发布者提供内容供其他用户浏览。

用户在微博上发布的内容一般都比较简短，200字以内，也可以分享图片、视频。

微博最大的特点就是发布信息传播的速度快。假如你有10万"粉丝"，你发布的内容会在瞬间送达到这10万"粉丝"面前。

除了个人信息更新速度快以外，类似于一些大的突发事件或者引起全球关注的大事，都会第一时间登上微博热搜榜，用户可以第一时间知道事件的起因、经过和结果。

传播性强

微博的门槛极低。任何人都可以在微博上发表观点和看法。微博在信息获取上有更强的自主性和选择性。用户可根据自己的兴趣爱好，选择是否要关注某个博主，而且可以将关注的人进行标签分类。微博具有很强的宣传影响力，用户发布信息的吸引力和新闻性越强，对该用户感兴趣并关注的人数越多，影响力也越大。

微博的出现具有划时代的意义，真正标志着个人互联网时代的到来。

"沉默的大多数"在微博上找到了展示自己的舞台。

图2-2

2.1.3 头条号

头条号曾被命名为"今日头条媒体平台"，是今日头条旗下的自媒体平台。

1. 头条号的发展历程

在头条号这个平台上，用户可以发布文章、关注感兴趣的号主，并与号主进行互动。头条号的发展历程如表2-3所示。

表2-3

时期	发展情况
2013年	头条号正式上线，今日头条邀请了一万多家知名的自媒体生产内容。几个月后，头条号成为继微信之外的第二大自媒体平台
2016年	今日头条拿出10亿元来补贴头条号的视频创作者
2019年	头条号的创作者可以申请开通头条小店，增加内容创作的收入渠道

2. 头条号的特征

头条号具有智能推荐、高收益、原创保护的特征。

（1）智能推荐。

依赖于今日头条独特的去中心化的智能算法与分发机制，用户可以在该平台快速获取自己感兴趣的内容，同时创作者的内容也可以输送到精准用户的面前。

（2）高收益。

头条号的创作收益由基础收益和补贴收益两部分构成，其中基础收益＝图文千次阅读单价×阅读量，补贴收益是指通过参与平台各短期的激励活动所获得的收益，如千人万元计划、青云计划、新作者扶持计划、创作者计划。总之，头条号总是以各种方式不断激励创作者，提高原创作者的收益。

（3）原创保护。

近几年来，内容战场烽烟四起，各大平台都忙于跑马圈地，增添内容。因此平台内存在抄袭、跨平台抄袭的现象。但头条号在面对抄袭情况时绝不手软，强有力地保护原创作者的权益。例如，在平台内抄袭，系统可自动识别，抄袭者不但不会获得推荐，而且原创作者可在后台一键删除抄袭文章。

2.1.4 微信公众号

微信公众号是个人、商家或企业在微信公众平台上申请的应用账号，运营人可以在微信公众平台利用文字、图片、语音、视频等方式与特定的用户群体进行全方位的互动与沟通。

1. 微信公众号发展历程

微信公众号是腾讯基于微信生态下创建的公众平台，最初主要服务于名人、媒体、企业等机构。微信公众号的发展历程如表2-4所示。

表2-4

时期	发展情况
2012年8月	微信公众号正式上线，并向普通用户开放。微信公众号的内容生态基本上在其诞生的一年内基本搭建完成
2013年	微信公众号被分为订阅号和服务号，其中订阅号的消息被折叠，这也宣告了微信公众平台的第一个红利期结束
2014年	微信公众号公开文章的阅读数和点赞数。自此微信公众号内容有了一个可以度量的价值标准。同年7月底，注册的微信公众号数量超过580万个，"逻辑思维"与"十点读书"可以说是在微信公众号平台上线的两年内最大的获益者
2015年5月	微信公众号的总体阅读数在不断下滑，打开率大幅下降。虽然微信公众号的红利期已过，但仍是企业营销必不可少的阵地之一

续表

时期	发展情况
2017 年	微信公众号月活跃账号数为 350 万，月活跃粉丝数为 7.97 亿
2018 年 2 月	微信公众号新增修改文章错别字功能
2018 年 6 月	订阅号正式改版上线，而且微信公众平台正式上线开放转载功能，文章可以直接被转载，转载文章也可以赞赏作者
2018 年 11 月	微信公众号注册数量做调整：个人主体注册微信公众号数量上限由 2 个调整为 1 个；企业类主体注册微信公众号数量上限由 5 个调整为 2 个
2019 年 8 月	微信公众平台已经汇聚逾 2000 万个公众账号

2．微信公众号的特征

微信公众号具有用户群体不限、关注率高，覆盖面广、传播速度快、可积累口碑、营销方式灵活、营销过程更加多元化等特征，如图 2-3 所示。

特征

用户群体不限，关注率高
微信公众号基于微信生态，用户群体遍布社会各年龄段，几乎人人都可以申请注册。用户能把在微信公众号上看到的精彩内容即时分享到朋友圈，引发微信好友的观看、点赞、评论、关注等，比转载其他平台内容的路径简易，无须跳转

覆盖面广，传播速度快，可积累口碑
每个人都有自己不同的需求，也有自己的朋友圈。如果用户愿意在朋友圈里转发微信公众号文章，就相当于在他所有的好友中进行传播。因而可以扩大微信公众号的影响力，积累口碑，让朋友的朋友、用户的用户去宣传，从而实现人人皆知的口碑营销。一旦有用户有需求，就会主动找上门

营销方式灵活，营销过程更加多元化
相比传统营销方式，微信公众号营销更加多元化，不仅支持文字，而且支持图片、语音、视频、H5 等媒体传播，尤其语音和视频更近似于面对面交流，拉进了距离，而且可即时回复，这使营销变得更真实，更有趣，更有说服力

图2-3

2.2 图文媒体平台的内容运营

内容是数字媒体运营的基石，数字媒体运营离不开优秀的内容。本节将从选题、标题、正文、图片、排版等 5 个方面来阐述图文媒体平台的内容运营思维和方法。

2.2.1 选题

选题决定了内容的走向。本节主要讲解选题的判断标准以及寻找和制作选题的方法。

1. 选题的标准

选题的判断标准有3个，分别是受众、话题、主体。

（1）受众（面向的人群）。

受众主要从两个点考虑，一是覆盖人群（选题影响多少人），二是痛点程度（选题对人的影响有多大）。

例如"光盘行动"这个选题，针对的是餐桌上的浪费行为，面向的几乎是全体社会成员，大多数消费者会反思自身在外吃饭是否存在浪费情况，进而号召社会全体成员珍惜粮食、节约粮食，在引起用户反思的同时，为社会进步贡献力量。

（2）话题。

选择的话题需具备可操作性（是否有大量讨论话题、是否有充足素材与案例）、时效性、话题性（是否具有争议性、延展性）、传播性（有趣、简单、有社交属性）。

例如"环境保护"是社会上大量讨论的话题，购物时用塑料袋还是环保袋，外出用餐使用一次性餐具还是自带餐具，这类话题不但具有较强的延展性，还具备天然的传播属性，容易引起用户的讨论与宣传。

（3）主体。

做选题需考虑与账号主体的相关性——与账号定位相关、与人设定位吻合。如果账号是情感类方向，就不要选择搞笑类的选题；如果是金融方向，就不要选择情感类选题。一定要保证选题跟账号的相关性，根据账号定位选择合适的选题。

同时还要注意账号主体的价值观，即选题与账号倡导的价值观是否相符。如"木棉说"这个微信公众号定位为新女性全方位成长平台，则其微信公众号发表的文章绝大多数是关于女性情感、独立类的主题。

2. 从数据中寻找好的热点选题

从热点中寻找选题是每位运营人员必须要做的事情，从数据中寻找热点的方法如图2-4所示。

3. 从同行中寻找爆款题材选题

很多路，同行已经铺好了，借鉴同行的爆款内容寻找选题灵感，一个好的选题是能够打破行业、领域、时间限制的。运营人需要关注同行过去做过哪些比较好的选题，一一整理下来，之后选题的角度可以从反面写、侧面写、发散写。

微博热门话题
01　微博上的微话题，主要展示了24小时内关注度较高的热门事件，运营人员可以根据推广方向、产品信息等情况，从中选取合适的话题

百度搜索风云榜
百度搜索风云榜是以数亿网民的单日搜索行为作为数据基础，以关键词为统计对象建立权威且全面的各类关键词排行榜，线上覆盖十余个行业类别，一百多个榜单，其中"实时热点"榜单，每1~2小时更新1次
02

百度指数
03　百度指数是互联网时代最重要的数据分享平台之一，通过百度指数可以了解到某个热点的火热程度，它能将竞争产品，受众指向，传播效果数据和信息，以科学的图谱方法呈现在运营人员面前

爱奇艺指数
爱奇艺指数是一个视频数据分析的平台，可以用来分析热门视频的播放趋势，用户的观看行为、观看用户的特征特点等
04

知乎分析
05　可以通过知乎日报、周报来一览近期热门话题

图2-4

例如，运营的是母婴领域的账号，就搜索母婴类的大号（关注量较高的账号）；运营的是健康领域的账号，就搜索健康类的大号，然后进行关注，研究这些大号的"爆款"文章的选题是什么样的。

4．做专业的系列选题

把系列选题做成一个账号的王牌产品，对用户来说是最有价值和帮助的内容，也可以沉淀一批忠实的铁杆用户，建立个人品牌，竖立行业标杆。

运营人可以利用主题拓展法持续输出某一或某几个领域的专业内容，从而形成一个系列的专业选题。如数字媒体运营，包含内容运营、用户运营、活动运营、产品运营、社群运营、短视频运营，而内容运营又包含内容选题、内容写作、内容包装等，这就是一个不错的专业系列选题，如图2-5所示。

图2-5

5. 团队讨论头脑风暴

制作选题时运营人可以召开团队小会进行头脑风暴，集思广益，借助团队的力量完成选题。

6. 建立选题库

运营人可以借助有道云、印象笔记、石墨文档、幕布等工具，搭建选题库，方便后期随时取用。

2.2.2 标题

一个好的标题意味着成功了50%，标题起得好，获得用户点击的概率就越大。

1. 拟写标题前的注意事项

要想给文章取一个合适的标题，运营者首先要清楚标题的作用，标题的作用主要有以下两点。

（1）明确标题目的。

写标题的目的有两个，如图2-6所示。

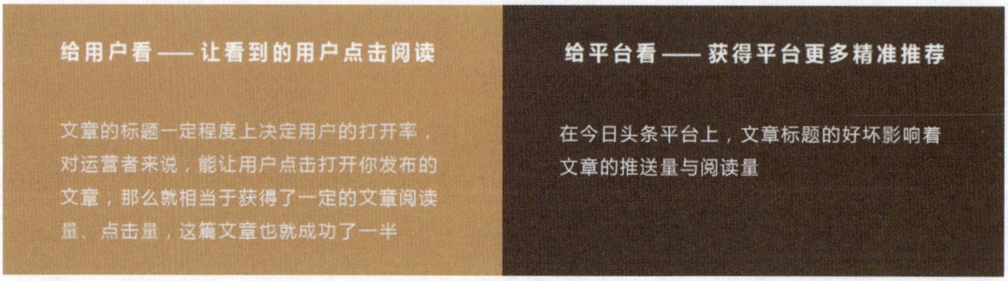

给用户看——让看到的用户点击阅读	给平台看——获得平台更多精准推荐
文章的标题一定程度上决定用户的打开率，对运营者来说，能让用户点击打开你发布的文章，那么就相当于获得了一定的文章阅读量、点击量，这篇文章也就成功了一半	在今日头条平台上，文章标题的好坏影响着文章的推送量与阅读量

图2-6

（2）体现文章主旨。

一个好的标题等于一半的文章内容。如果一条标题不能够做到在阅读者看见它的第一眼时就明白它想要表达的内容，那么该文章就不具备让阅读者继续阅读下去的价值，其结果是大概率会被阅读者放弃。

因此，一个好的文章标题应该具备提炼文章内容、激起用户阅读欲望、增加用户点击率的作用。

2. 如何写出激发用户点击欲望的标题

（1）善用关键词，增强代入感。

很多文章的标题是由"关键词+词根"组成的。"词根"是词语组成的根本，"关键词"是吸引用户眼球、抓住用户注意力的关键。如一篇文章标题叫"12节课教你学会数字媒体运营"，那么这条标题中"数字媒体"就是关键词，而"运营"就是词根，根据词根可以写出更多的与运营相关的标题。标题中"教会你"的"你"字一下子将正在看这则标题的用户与其他人区别开来，不是教别人而是教"你"，帮助"你"解决数字媒体运营的问题，这样一来用户就会产生极强的代入感。

（2）善于借势，提高传播速度。

借助当下热点（尤其是带有争议性的热点或观点）及辨识度较高的名人、名企、名物的势能来彰显内容的价值，更容易引起传播。

运营人员可以把近期争议性强的话题拿出来，做成标题重点突出的部分，放置于视觉头部（即标题开头，用户一眼能够看到的地方），之后在视觉焦点后加上自己的观点或行为，通过强烈的对比，充分发挥黄金3秒原则（文前的前3秒必须吸引用户眼球），达到获取更高点击率的目的。

例如，"大白兔×气味图书馆联名款护手霜遭疯抢，背后满是套路！"这则标题就是利用了名企效应（大白兔×气味图书馆），将名企放在标题最前面，最后加上运营人员自己的行为和观点（满是套路）；再如"鲁迅49岁得子，他教会了我们如何教育孩子"这则标题既借了热点事件（孩子教育问题）的势能，又借助了名人（鲁迅）的势能，表达出运营人员自己的观点（教会了），这类标题能够快速抓住用户眼球，吸引用户阅读与传播。

但有一点作为运营人员一定要注意，就是文章主题与所借的"势"要有很强的关联性，并且要与社会主流价值观相符。

（3）灵活运用数字，提高说服力，增强冲击力。

数字能够简洁、明了地传递信息，让抽象变具象，增强文章说服力，给读者造成视觉冲击力；可以凸显文章的看点及价值，增强用户对文章的预期——想要迫切知道数字背后的故事。

例如，"学会这1招，薪资马上提升3倍"这则标题对于想要升职加薪的人会有比较大的吸引力，大部分用户会好奇，会有代入感："到底是哪一招能让自己薪水翻倍？""一条视频赚10万，你不得不知道的短视频六大赚钱套路"，这则标题吸引的则是想要通过短视频赚钱的用户，这类用户会好奇到底是什么样的视频能这么赚钱，这6个方法究竟是什么样的，进而会点击文章进行阅读，寻找答案。

在日常的生活中，我们不可避免地要跟数字打交道，以货币为例，超过3位数，后面的0越多，给人的刺激越大，年薪10万元与年薪100万元，后者分量重，对用户的吸引大。如"10万'粉丝'4天卖出150万件，最火的商品都有这3个特征"，这则标题就会给用户一个冲击，10万"粉丝"在短视频平台属于中腰部账号，但是却能够卖出很多几百万"粉丝"账号都卖不出的数量，用户潜意识里就会好奇究竟是怎么卖出去的，从而产生点开文章的冲动。因此在标题里可以用阿拉伯数字体现的，尽量突出显示数字，越详细的数字越好，会显得文章更加真实可信。

（4）制造悬念，引发好奇。

通过反问、疑问、抛出痛点、话说一半等方式来制造悬念，引起读者的好奇是最常见的起标题的手法之一。

"职场上，如何升职加薪？"这则标题采用的就是疑问句，选用的是职场人士比较关心的话题，"升职加薪"而且疑问词"如何"给用户制造了一种想要升职加薪就赶紧点击文章观看的错觉。

"1年时间从月薪8000到年薪100万，他竟然全靠……"，这则标题采用的是话说一半的方法，还是升职加薪的问题，只不过用数字进一步具体说明了薪资前后的对比情况，给用户以冲击感，同时话没有说完，并没有给读者解释是如何做到的，是靠技术？还是靠本事？答案全部都在"……"里，从而引发用户思考，促使用户点击文章查找答案。

"你为什么输在起跑线上？"这则标题采用的是反问，引发读者思考为什么会输在起跑线上，从而得出努力的重要性，只有足够努力才能够赢在起跑线，获得成功。

"为什么HR总不回复你的邮件，还不是因为写得太糙""数字媒体运营如何才能做好？这100条建议一定要收藏好"这两则标题，既抛出了用户的疑惑，又戳中了用户的痛点，还暗含了解决的办法，能够精准吸引对这类内容感兴趣的用户点开文章阅读。

关于悬念的设置有很多的公式，如表2-5所示。这些公式运营人要牢记于心。

表2-5

特点	设置悬念的公式
引发悬念	［万能公式］情况 + 结果 + 隐藏真相
	［案例］他的公司一夜之间突然倒闭！就是因为犯了这个错
	［注意事项］"情况"与"结果"之间的冲突越大，违和感越强，悬念感会越强
制造焦虑	［万能公式］点出痛点 + 强烈疑问
	［案例］没人会告诉你：你在贬值
	［注意事项］对用户理解程度越深，越知道如何利用用户痛点是用户产生恐慌感

续表

特点	设置悬念的公式
颠覆认知	[万能公式] 固有观念 + 颠覆说法
	[案例] 每天都想加班,这病怎么治
	[注意事项] 用大众认知常态来做对比,效果会更强
对比冲突	[万能公式] AB 两种情况的强烈对比
	[案例] 都是大学生,你刚毕业,他们财务自由了
	[注意事项] 双向对比会使某一结果显得更为突出,能达到加强语境的效果,注意选取对比对象,一般只设置一个对象做对比变量,其他对象应当一致
说话说一半	[公式] 否定普遍的认知 + 提出更"好"的方式(但不要把方式说出来)
	[案例] 年入千万的秘密竟然是……
	[注意事项] 这种留悬念的标题,一定是跟大家都认识的某个人或某个事相关的

(5)表达鲜明的态度、观点、情绪,吸引目光。

有情绪、有观点、有态度的标题更加鲜活,更容易用情绪去带动、感染用户,一旦用户沉浸在这个情绪中,赞成这个观点或喜欢这个态度,就会点击文章一探究竟,如果文章写得好还会引起读者的点赞与转发。

"没教养,比没文化更可怕"这类标题都带着浓郁的个人主观色彩,很容易受到认同这类观点用户的拥护,以及反感这类观点用户的讨伐。在争议的过程中,文章已经完成了传播、扩散。其实"没教养,比没文化更可怕"的重点在于一个人应该有教养,如何修炼教养这类标题的重点在于把读者当朋友,平时怎么跟朋友分享观点就怎么写,越真实、越贴近真情实感,读者被吸引的概率越高。

(6)明确告知,传递信息。

此类标题的特点是把事情的核心信息讲清楚、讲明白,让读者清楚地知道自己可以获得什么是这类标题的特征。

"想要成为最优秀的媒体运营,这20招一定得学会"这则标题,用户很清楚自己能够得到20个关于成为优秀媒体运营的技巧,如果恰巧用户需要这个技能,那么此文章的用户打开率就可以提升。

这类标题由两个部分组成——"有什么"+"达到什么效果"。"有什么"是文章可以提供给用户的知识,"达到什么效果"是给用户构建的心理认知,这个认知越具体、越详细越好,如"学会这3招媒体运营技巧,瞬间让你升主管","升主管"比"升职加薪"更为具体详细,更能吸引职场新人。

再如"中秋月饼免费送,每人限领一份,仅限会员"这则标题,传递的信息是"这里有的是月饼",而且"会员可以免费领取一份",简单明了,直接点明主题和福利。

(7)避开误区,写出完美标题。

在进行标题写作时,有很多误区一定要避开,如表2-6所示。

表 2-6

技巧	说明
多用动词,少用形容词和副词	不要滥用形容词和副词,你的形容≠我的形容,而且形容词+名词的组合,并不会有什么画面感。 在所有词汇中,动词是最有画面感和张力的
善用修辞	比喻、隐喻、双关、拟人
用短句,少用长句	短句就像鼓点,控制着文字节奏;长句会让人丢掉兴趣,更不用提脑海里会浮现出"画面"
多用比喻	精准的比喻,就好像一座桥梁,让你瞬间到达作者想要带你去的地方
不盲目跟风随大流	太多同质标题,没新意,用户打开率下降
不要小聪明,不玩文字游戏	并不是每个人都能瞬间领会到作者的笑点
不要忽视读者	写标题的第一步是考虑听众的兴趣,然后再写标题
不要忽略同行	读者中若同行较多,标题则更要用心
不要忽略平台风格	今日头条的标题风格与微信公众号的标题风格是有所区分的。运营人员必须熟悉每个平台的风格和模式
不要忘了个人风格	写标题的最高境界是塑造出别具一格的独特调性,如"六神磊磊"就成功创造了属于自己的个人风格
不要将就	直到再也写不出比这个标题还好的标题,那就它了
不要害怕失败	文章发布之后,没评论、没收藏、没分享、没留言,不要气馁
别要求太多	每个人都知道标题很重要,但是要记住,别抱有太大希望,标题并不是全部,它只是一篇文章的开始

2.2.3 正文

标题是眼睛,那正文就是躯干,而躯干又分为头、脚、身子,因此本小节将从正文的开头、结尾以及正文布局3个方面展开。

1. 打造精彩开头和结尾的6种方法

在碎片化阅读时代,社交媒体上的文章越来越多,文章被点开不等于被阅读,因为很多用户都是点开一篇文章看了开头觉得不感兴趣就关掉了,因此开头是否有吸引力成为读者是否继续阅读的关键。

(1)写好开头的4个技巧。

想要文章在开头就能够让读者产生浓厚的阅读兴趣,可以使用以下这4种方法,如图2-7所示。

图2-7

① 直述文章主旨,提炼文章精华。

快节奏的生活方式,使得愿意花时间阅读图文类内容的用户的耐心越来越少,读完率一再下降,因此在创作图文类内容时,开头单刀直入、直接点明主旨、避免冗长,可以大大节省用户的阅读时间。

利用直述法作为开头的写作方法如表2-7所示。

表2-7

开头呼应标题	[特点] 在文章开头对文章核心观点进行简要概括,呼应标题,突出中心思想,主题鲜明
	[案例]《人的一生都在为认知买单》一文开头直接点明主旨"人们对世界的认知往往受限于自己的认知力"
结论提前	[特点] 把文章中的结论亮点放在开头位置呈现给读者,赞同的读者会继续阅读,不赞同的读者会好奇,出于好奇会有部分读者继续阅读
	[案例]《面对低谷时的心态,决定了你人生的高度》,文章标题即给出结论

续表

提供价值	[特点] 文章开头直接用简短的一句话告诉读者（一般为问句，提出读者心中的疑惑），本文会提供什么价值，看完本篇文章能够获得什么
	[案例]《夏日跑步10大黄金法则，你知道几条？》一文开头直接引出文章的价值"炎热夏季如何坚持安全跑步？以下10大黄金法则请收好。"

② 设置悬念，引起读者好奇心。

悬念法是通过设置悬而未决的问题来引起读者阅读兴趣的。

例如，"北漂1年，月薪5000涨到2万"的文章开头如此说："最近，我们公司刚刚结束了年中述职，给你们讲讲我们组的王晓和小刘的事迹。她们俩都是毕业一年，同时入职，一起做短视频运营，述职后，却出现了天差地别的变化……"

看到这读者是不是也会很好奇她们到底是如何述职的，产生了什么样的差异？为了想要一探究竟，不自觉就被代入到事件当中，出于好奇心迫切地想要知道事件的发展及结局。

③ 讲述故事，增强读者代入感。

故事法能够引起读者的情感共鸣，使其产生强烈的代入感，有利于后续的转化。使用故事法作为开头的写作方法有以下3种。

- 善用第一人称。

以"我"代入文章，作为文章的关键人物，联系全文。

开头用"我"来讲述文章，能让读者有代入感，读者自会反思自己是否经历过这样的事情。

《我最怕30岁以后，还要去招聘会找工作》文章开头如此说："我做销售工作8年了，之前带过团队当过主管，想应聘贵公司区域经理的职位。"

通过第一人称"我"来叙述文章故事，让读者有代入感，毫无阅读压力，很容易就能够继续阅读下去。再加上标题有"爆点"或"槽点"，一下子就能够抓住读者。

- 讲述亲身经历。

利用自己或朋友经历过的事件，获取读者同理心，证明文章的真实性，将读者代入文中的故事、角色中去，使其产生一种感同身受的感觉，增强读者信任感，进而将文章主人公的经历看作一种努力的方向或和自己有关的利益诉求。

《凌晨3点，朋友圈被30万人转行刷屏：成年人有多难？》文章开头如此说："发小开始做微商了。小心翼翼来跟我讲：'我可不可以把你拉进群里呀？有喜欢的就支持下，不喜欢的不看也没关系。'"

开头的描写中有人物，有事件，有细节。读者在阅读文章开头时在脑海中能够浮现出来这个场景"发小小心翼翼地询问自己"，这使读者在阅读时充满画面感。

- 三段论。

文章开头把整个故事的起因、经过、结果都向读者表达出来。

《父亲收到儿子录取通知书当街欢呼，南开回应》文章开头如此说："河北石家庄一位闪送员捧着儿子的录取通知书当街欢呼，感动了众多网友，相关话题冲上了微博热搜。"

这种三段论的开头故事尽量接地气，最好是能够跟读者相关或者读者生活中会遇到的场景所延伸出来的，这样会让读者有更深的感触。

④利用权威、大咖认证。

这种写法是在文章开头就亮明身份，建立个人权威信任，一般有以下两种写作方式。

- 讲述名人故事。

《我的曾祖母林徽因：30封绝密书信，说透女人一生》文章开头如此说："在颠沛流离的民国时代，多数女子命运可凄可叹。却有一人，用独到的智慧，活出了所有女人都羡慕的样子。……她，就是林徽因。"

其实这篇文章是一篇营销软文，通过讲述林徽因的故事来宣传"梁周洋解读林徽因"音频课程。但因为名人的故事，读者基本上都知道，所以不要讲太多细节，大概描述一下，只要讲出跟文章想引出话题相关的内容就好。

当然，这个名人也是越出名越好，故事则越新越好，要不然一些"老掉牙"的故事对于读者来说已经没有吸引力了。

- 引用名人名言。

引用名人名言作为开头，有两种作用，如图2-8所示。

利用名人名言给整篇文章定下基调，或者是能够马上让读者点头赞同。这里的名人名言不一定特指做出过杰出贡献的人，也可以是演员，或者是其他文章作者的观点。最关键的是这句话一定会让读者赞同，或者十分激励人心。

图2-8

《好嘴赢一时，好心赢一世》文章开头如此说"在这个世上，人人都能用嘴说好话，但不是所有人都能用心做好事。孔子说：'巧言令色，鲜矣仁。'一个人花言巧语，装出和颜悦色的样子，他的好心就少了。好心的人，或许不会说好话，却会做好事。做人，靠心，不靠嘴；做事，用心，不用嘴。"

（2）撰写开头的4个要素。

运营人员在创作时注意文章开头的4个撰写要素，可以快速提高写作效率，节省时间成本，如表2-8所示。

表2-8

开头撰写要素	说明
拒绝啰唆，少写废话	文章开头拒绝啰唆，少写废话。开头有故事、有观点、有态度。 写给谁看？给读者看！写作时请想象读者就坐在面前，你在讲故事给读者听，要用最简单、最具有场景化的文字去描写
把握节奏	文章开头不拖拉，能一句话解释清楚最佳；尽量多用短句、多换行，减轻读者的阅读负担
逻辑清晰，观点明确	读者能看懂文章是最基本的要求。 写完一篇文章后，把开头的观点和整篇文章的关键词全部提炼出来，审视文章的观点是否有相违背的地方
打开认知缺口	认知缺口不能过于偏门，塑造的应该是读者不知道却又迫切想知道的事情，令人疑惑的、令人恐惧的、令人新奇的、颠覆认知的内容都是打开读者认知缺口的利器 例如"卫生纸你用对了吗？"，由于卫生纸是读者日常生活中必须用到的东西，那么读者自然就会对文章产生好奇，使用卫生纸有什么对错呢？让读者好奇文章将要说的，让读者脑子里产生疑问，也就会有继续阅读的欲望

（3）打造精彩结尾的4种方法。

有了精彩的开头，还需要更精彩结尾，4种打造精彩结尾的方法如表2-9所示。

表2-9

方法		特点及案例
首尾呼应法（"首尾照应""首尾圆合"），可以说是最实用、最易掌握的方法	叙议呼应	[特点] 在文章开头客观地叙述事实，不掺杂作者个人情感倾向。但在结尾处对事物进行评述，抒发作者个人情感，升华文章主题
		[案例]《华为、网易有道百万年薪招聘引热议：被高薪选中的年轻人，到底有多厉害？》 开头：近期华为"天才少年"项目屡屡冲上热搜，最高档天才少年年薪201万元更是成为公众热议的话题。除此之外，还有网易有道秋招年薪保底50万元，腾讯启动有史以来最大规模校招。 结尾：所以，不要再相信"读书无用"的毒鸡汤，买菜逛商场的确是用不到学识，但是当工程师、科学家用得到，从事金融、教育行业也用得到。许许多多的高薪职位，都需要知识铺路，企业在招聘时门槛级的简历筛选标准就是学历。不要用平凡可贵来安慰自己的碌碌无为，沉淀于头脑的知识才是人生最宝贵的财富
	回复呼应	[特点] 文章开头以什么为起点，结尾再重新回到这个起点上。任由中间部分天马行空，但结尾仍要按照开头设定的情境结束

续表

方法		特点及案例
首尾呼应法（"首尾照应""首尾圆合"），可以说是最实用、最易掌握的方法	回复呼应	[案例]《认识你后，悲伤成为一种普遍的情绪》 开头：如果不是在梦里见到你，我真的以为我已经忘记你了。可是在梦里，我也看不清你的脸。程青，我们这漫长的一生，要用遗忘去抵抗多少岁月呢。 结尾：程青，或许，你记得吗？
	因果呼应	[特点]文章开头讲述原因，结局是由于开头原因所引起的。前因后果，顺理成章
		[案例]《千万别小看你那个穿白衬衫的新同事》 开头：今年的毕业季太匆忙了。很多毕业生都感觉，还没做好准备，就被推入了社会。 结尾：看到它，就像看到那个曾经天真幼稚容易满足的小女孩。也很感谢那段挫败的经历，和那个领导，让我有如今的小小进步
	情景呼应	[特点]文章的开头通过对客观景物的描写，渲染气氛，奠定全文感情基调。结尾再回到客观景物描写上
		[案例]《台风过境的夜晚》 开头：最近我又开始四处旅行，在夏日的尾声，回到了南方。在出发的那一天，下了火车，出发去湖边的路上，正好遇到了台风过境，出行车和我在瓢泼大雨里摆荡，这雨大得，宛如天上有湖，覆倾而下，我们被迫缓行，在路上慢慢开着，等着这暴雨过去。 结尾：只是此刻，我站在窗前，凝视着台风过境后的这个晚上，天很快要亮起来了，秋天守在一旁，你说是不是这样
号召用户增强感染力		[特点]这种结尾方法常用于公益性文章和营销软文中，结尾处会给读者清晰的行动指令。读者阅读完文章后会产生一种想要立刻加入行动中去的冲动，读者与作者产生了较强的共鸣
		[案例]手账本营销软文 结尾：为了用最简单的方式帮助你成长，这款手账本还是免费送，限量3000本。拼手速的时候到了，快扫描下方海报中的二维码领取吧
推送祝福法传递温暖		[特点]这种推送祝福的结尾形式能够让读者感受到温暖，感受到作者的"人情味"
		[案例]《嫁给你，是我预谋了很久的事》 结尾：如果你在感情的世界里不太如意，别着急，爱会来敲门，祝你早日找到这世上唯一契合灵魂
抒发情感，引发共鸣		[特点]通常用于写人记事的文章当中。结尾处表达出作者对人、对事的情感
		[案例]《你永远不知道孩子有多爱你》 结尾：在这个世界上，有一个人，因你而出现，并且，永远用心爱着你。他会用弱小的力量，最简单真挚的爱包裹、融化你，像一道微光，点亮你的生命。何其有幸，今世我们拥有彼此，无可取代。谢谢你，今生愿意做我的孩子

2. 正文布局的7种形式，有序引导阅读

正文布局的好坏是影响用户是否沉浸内容的关键要素，下面介绍7种正文的布局形式以引导用户有序阅读，给用户更舒适的阅读环境。

（1）采用新闻式布局，促进二次传播。

顾名思义，新闻式布局就是模仿传统新闻媒体的行文结构进行正文撰写。而这种布局的最大特点就是行文严谨，通常被用作企业宣传推广，如介绍企业文化、新品发布、利益承诺等，都可以通过新闻式布局结构促进二次传播，因此文中尽量不要在文章中出现俏皮话。

新闻式布局公式：导语＋正文＋结语。

案例：重磅！腾讯直播"公域流量扶持"计划。

全文结构就是按照"导语＋正文＋结语"进行的。

导语：腾讯直播"公域流量扶持"计划重磅来袭！7月13日—8月2日期间，对于积极开播且直播间带货内容质量高的商家，平台将加大扶持，给予看点直播小程序首页浮现奖励。心动不如行动吧。

正文：介绍公域流量扶持计划内容。

结语：是不是对商家流量奖励非常期待呢？快快行动起来，达到标准，赢取下周奖励吧！

新闻讲求的是"真实性、时效性"，要么和热点事件齐头并进，要么赶在热点事件前。因此文章内容要求与标题一致，并且文章内容一定要"新"。

（2）设置疑问式布局，制造悬念，激发读者的好奇心与阅读兴趣。

所谓"疑问式布局"就是直接在文章中不断抛出问题，解决问题。

设置疑问式布局公式：不断抛出问题（为什么、怎么办）。

案例：《梅庄为什么不报告》。

文章每一部分的开始都是由一个问题引起。例如"梅庄为什么不汇报？""梅庄，它根本就不掌握信息。既然连信息都不掌握，那么如何汇报？"

当读者初次阅读这篇文章时，单纯以为文章就是讲述"任我行越狱，梅庄为什么不报告"的观点，但是越往下读，读者就会发现其实"梅庄不报告"这件事反映的是职场。梅庄每一步的心路历程都代表了职场中人的心理历程。

这篇文章就是一篇出色的疑问式布局的文章，通过《笑傲江湖》某一片段中的疑问，反映当今现实社会的职场问题，这就是作者的高明之处。

那么到底什么是悬念？

举个例子，一件事想要成立，就必须由起因、经过、结果三要素构成。这三要素中缺少任一要素都会成为这件事的悬念。而正文中的悬念式布局指的就是三要素任意组合排列，让读者在阅读的过程中自己去探寻，去猜测，但必有一种要素是在故事最后才揭晓的，从而引导读者互动。

悬念式布局公式：悬念+（好像）是/不是+（肯定）是/不是+（到底）是/不是+结论。

在正文中设置悬念的方法如表2-10所示。

表2-10

方法	案例
以人物为悬念	[案例]她一声不响地坐在船舷上，愁眉不展，眼睛里还噙着泪水，船一摇晃，泪珠便直滚下来。她为什么会哭？在船上发生了什么事情？读者忍不住对下文进行猜测。 这段文案就是把事件的起因和经过进行了隐藏，只留给读者一个结果。那么读者就会迫切地在接下来的文章内容中去探寻原因，去验证自己的猜想
以环境为悬念	[案例]圣诞节的夜晚，天上飘着大雪。路上的行人匆匆赶路与家人团聚。但这是他在这座城市的最后一天。在这又冷又黑的晚上，他穿着西装赤着脚在街上走着。 他是谁？他穿着西装为什么赤着脚？他为什么要离开这座城市？……通过周围环境突出人物的反常，留下悬念
以情节为悬念	[案例]李老板要求供货商一周内供货20000件，但供货商却说只用3天，并与李老板签下了供货合同。 供货商能供货20000件吗？怎么做到的能从7天时间压缩到3天时间？……由这个案例是否联想到了"草船借箭"的故事？这就是以情节为悬念，展开下文的叙述
以事物为悬念	[案例]在我的小抽屉里，珍藏着一支已经用旧了的圆珠笔。它是我童年的朋友兰兰送给我的。这支笔确实不怎么起眼，但是每当我看到它，便会引起一段美好的回忆。 作者珍藏的这支旧圆珠笔背后有怎样的回忆？兰兰现在怎么样了？作者与兰兰之间发生了什么？……采用倒叙的开头，将文章拖进正序的叙述中，最后再与开头时间脉络汇合。这就是悬念，让读者有读下去的兴趣
注意事项：悬念设置要合情合理，不能故弄玄虚，否则会失去原本悬念应在文章中起到的作用	

（3）采取总分总式布局，信息一目了然。

总分总式布局可以完美地解决文章逻辑混乱的问题。

总分总式布局公式：陈述总观点+罗列论据+再次陈述总观点。

案例:《如何较好适应新的生活环境？》。

陈述总观点：从熟悉的环境去到一个陌生的环境生活，确实很考验人的适应性，而且大家都希望自己能够快速融入集体，最好一去到就能了解一切，并和同学同事闹成一片，这种想法一旦形成，人会更加焦虑。我们不妨试着从性格模式、生活模式、交友模式以及思想认知四点，来了解如何较好适应新的生活环境。

罗列论据：性格模式的适应、生活模式的适应、交友模式的适应、思想认知的适应。

再次陈述观点：相信大家在日常生活中靠自己也解决了很多问题，总结起来，不过六个字："不要怕，过下去。"

文章开头直接陈述观点，进入主题，让读者一下子就能理解作者创作意图。

为了能够让读者赞同此观点，在文章中间不断按照1、2、3去罗列论据，做到论据条理清晰。在罗列论据时需注意每一个论据之间要存在必然的联系，而不是独立存在的。

有了前文的论据做支撑，在文章结尾再次强调作者观点，让读者阅读起来有理有据。

（4）层层递进式布局，酣畅的阅读体验。

层层递进式的布局就像做数学题一样，按照步骤一步一步解开谜题。

层层递进式布局公式：提出问题＋分析问题＋解决问题。

案例：《防蓝光眼镜，真的需要吗？》。

提出问题：到底需不需要用蓝光眼镜防蓝光？

分析问题：什么是蓝光？

解决问题：防蓝光眼镜真的需要吗？

层层递进式布局的优点就在于给读者营造出逻辑严谨的阅读体验。但是层层递进式布局的缺点是如果所提出的问题不能吸引读者，那么后文所有的努力全部白费。

（5）镜头剪接式布局，展现清晰脉络。

电影或电视剧都是由一个个不同的镜头组成，其实文章也可以用不同的镜头来组成。

镜头剪接式布局公式：统一按照时间顺序或空间顺序进行。

利用镜头剪接式布局写文章的要点，如图2-9所示。

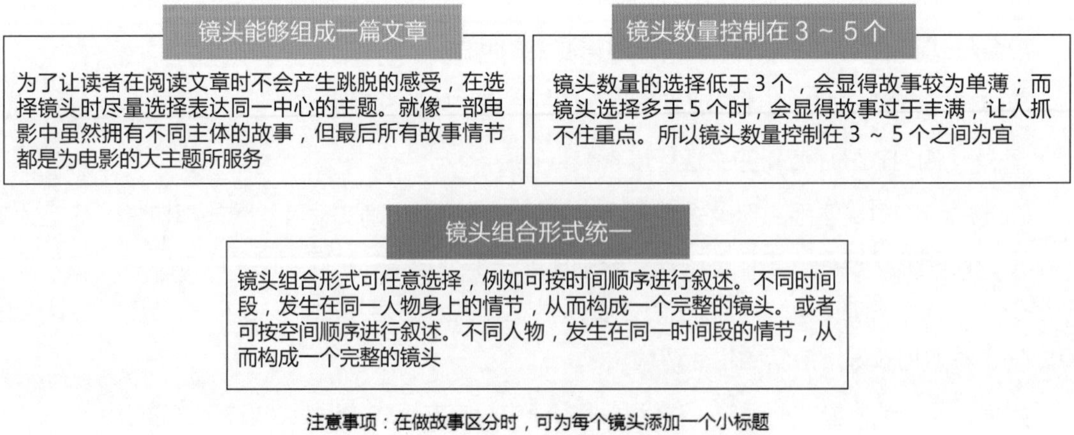

镜头能够组成一篇文章	镜头数量控制在3～5个
为了让读者在阅读文章时不会产生跳脱的感受，在选择镜头时尽量选择表达同一中心的主题。就像一部电影中虽然拥有不同主体的故事，但最后所有故事情节都是为电影的大主题所服务	镜头数量的选择低于3个，会显得故事较为单薄；而镜头选择多于5个时，会显得故事过于丰满，让人抓不住重点。所以镜头数量控制在3～5个之间为宜

镜头组合形式统一
镜头组合形式可任意选择，例如可按时间顺序进行叙述。不同时间段，发生在同一人物身上的情节，从而构成一个完整的镜头。或者可按空间顺序进行叙述。不同人物，发生在同一时间段的情节，从而构成一个完整的镜头

注意事项：在做故事区分时，可为每个镜头添加一个小标题

图2-9

案例:《"毕业第一年,好想辞职"｜95后职场生存报告》。

文章作者以一个采访者的角度,采访了3位工作了1年左右的职场新人。小刘代表的故事是找工作;小王代表的故事是去上班;叶子代表的故事是职场人际关系。通过3段职场新人的故事组成了文章"工作第一年,也是很多人职业生涯里成长最快的一年"的主题。

(6)故事类正文布局,让读者产生代入感。

"我没有那么多故事可讲"是大多数运营人员都存在的问题,那么故事素材如何积累?一是自身或朋友经历过的事情,二是在其他平台(微博、豆瓣、知乎、今日头条等)上看到过的其他人的故事。

故事类文章是以情节取胜,对语句要求不算太高,对于很多第一次写文章的内容运营人员来讲,会容易很多。

故事类正文布局公式:起因+经过+结果+价值升华。

"起因、经过、结果"这6个字看起来很简单,但真正写起来难。如何才能让文章有起承转合,而不是像流水账一样,还需要掌握一些技巧,如图2-10所示。

起因	经过	结果
首先在文章开头设置矛盾,可利用悬念式布局中所讲,以不同主体设置矛盾,简单交代故事发生背景	在交代故事背景时,就要为后文的矛盾埋下伏笔,只有这样在写经过时才能够不断激化矛盾,直至故事高潮。写文章一定不能让读者猜到结局,所以在读者以为故事快要结束时进行故事反转,一篇好故事要做到"一波三折"	故事结局可以是悲剧,也可以是喜剧,重要的是故事结局是否有价值升华。写一篇文章不单单是要让读者看一篇故事,而是要让其在故事中有所感悟

图2-10

案例:《那个任性辞职的女教师,后来怎样了?》。

起因:一封女教师的"世界那么大,我想去看看"的辞职信火遍全网。

经过:她辞职后的生活。

结果:她准备去绵阳开个心理工作室。

价值升华:希望每个人,都忠于自己,都有选择的勇气。

(7)欲扬先抑布局,突出事物的发展变化。

为了能够使文章主题鲜明，增强文章感染力，可以采用"欲扬先抑"的布局。这种布局的特点就是先不写事物的本质或结局。想要赞扬某一事物时先从其不好的方面入手，先写与实质相反的表象，这是欲扬先抑布局的标准写法。

欲扬先抑布局公式：先批评 + 后赞扬。

案例:《从18层地狱爬出的"理想"》。

文章是介绍"蔚来汽车"的创始人李想。按照普通的行为逻辑应该是汽车诞生之初，创始人多么不容易，然后经过艰难险阻，最后取得成功的故事。但是这篇文章在开头就把创始人李想贴上了"抠门、非主流"的标签。作者带着这样对李想的标签讲述"蔚来汽车"从发展到壮大的故事。

2.2.4 图文设计，打造用户喜欢看的内容

目前想要靠纯文字吸引读者阅读文章难度越来越大。所以运营人员除了要掌握写作技巧之外，还要学会利用图片为文章进行服务，给读者营造一种舒适的阅读体验。

1. 图片具有的4种功效

图片具有提高阅读效率、增添文章美感、展示产品详情、产生代入感4种功效，具体如图2-11所示。

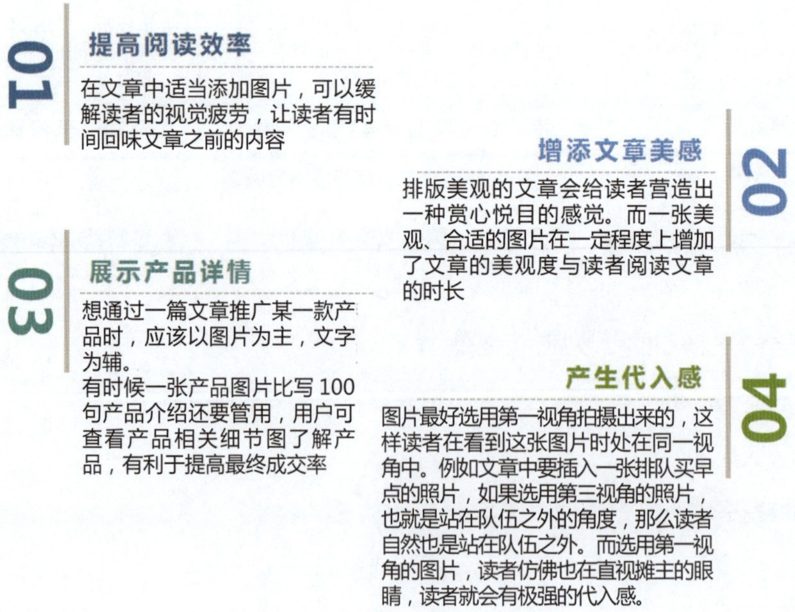

01 提高阅读效率
在文章中适当添加图片，可以缓解读者的视觉疲劳，让读者有时间回味文章之前的内容

02 增添文章美感
排版美观的文章会给读者营造出一种赏心悦目的感觉。而一张美观、合适的图片在一定程度上增加了文章的美观度与读者阅读文章的时长

03 展示产品详情
想通过一篇文章推广某一款产品时，应该以图片为主，文字为辅。
有时候一张产品图片比写100句产品介绍还要管用，用户可查看产品相关细节图了解产品，有利于提高最终成交率

04 产生代入感
图片最好选用第一视角拍摄出来的，这样读者在看到这张图片时处在同一视角中。例如文章中要插入一张排队买早点的照片，如果选用第三视角的照片，也就是站在队伍之外的角度，那么读者自然也是站在队伍之外。而选用第一视角的图片，读者仿佛也在直视摊主的眼睛，读者就会有极强的代入感。

图2-11

2. 让图片引爆读者眼球的8个细节

想要让图片与文章完美配合，引爆读者眼球，这8个细节运营人员一定要注意，具体如表2-11所示。

表 2-11

细节	要点说明
图片画质高清	很多平台在上传图片时会对图片进行压缩，如果上传的图片已经模糊成"马赛克"了，那不如不用，因此一定要保证原图的清晰度
图片色彩搭配	尽量选择高饱和度的图片。人眼对亮色的感知能力要比暗色强，而且亮色的图片不会给读者造成压抑、沉闷的阅读氛围
图片数量	少于500字的文章，选用1~2张图；500~1500字的文章，选用3~5张图；1500字以上的文章，至少选用6张图
文章适配度	尽量选择与文章主题相符的图片。如以运动为主题的文章，配图就不能选择酒吧的照片
图片位置	最常见的配图位置就是"顶部、中间、底部"。 在文章开始前放置一张头图，奠定全文的主色调，接下来的所有图片颜色尽量都不要与头图色调相差过大。文章中间的图片选择每隔3~4段穿插一张。底部图片在正文结束前1~2段插入
图片顺序	主图是出现在文章顶部的图片，要选择与文章内容契合度高，并且颜色饱和度高的图片。次图是穿插在文章中间与底部的图片。除与内容契合度高以外，还需与主图格调一致或相近
图片大小	可根据平台的要求进行裁剪，切忌出现图片过大或过小两种极端
去除水印	为文章插入图片时，尽量不要使用有水印的图片。因为原本一张完整的图片，突然在某个角落出现水印，会使整张图片的档次立刻掉下来，而且有可能会分散读者的注意力

2.2.5 排版及内容优化，提升网络内容质量

一个好的排版会给用户美的享受，使用户沉浸在内容中不跳出。一篇排版标准的文章至少要做到以下几点，一是主次分明，二是逻辑清晰，三是图文并茂。现在想要做出一篇排版标准且好看的文章并不是一件难事，因为可以借助工具来解决。

1. 常用的3种图文编辑器

市面上有很多可以帮助排版的编辑器，需要运营人员根据自己的需求及使用习惯挑选，没有最好用的编辑器，只有最适合自己的编辑器。这里推荐3种常见的图文编辑器，如表2-12所示。

表 2-12

编辑器名称	简介	特点	参考价格
135 编辑器	操作最为简单的编辑器之一,支持微信文章、邮件排版等内容类文章一键排版	(1)可根据行业属性进行素材筛选,尤其是一些较为偏门的行业。 (2)可一键生成图文,可以直接把文章复制到编辑器中生成图片	标准会员(15元/月) 高级会员(49元/月) 超级会员(149元/月)
秀米编辑器	操作有网页版、移动端的小程序,关注秀米的微信公众号即可进入排版界面,其操作较复杂	(1)可以把在编辑器里未完成的文章分享给其他人继续排版。 (2)拥有独特的布局功能,可以随意调整布局,对于不懂代码的创作者而言非常友好	分为 4 个等级: L1(登录秀米成为用户即可); L2(邀请 1 人加入秀米,或使用他人邀请链接注册秀米); L3(邀请 10 人加入秀米,或付费 10 元); L4(按月缴费或转化邀请人数;目前价格为 10 元 /30 天,30 元 /90 天,100 元 /360 天)
微信编辑器	微信公众号平台自带的,无须打开第三方编辑器,排好版之后可直接发表文	(1)使用微信编辑器必须搭配壹伴这个插件,下载登录后即可开始在微信公众号后台开始编辑排版文章。 (2)壹伴可以采集全网素材,只需要找到壹伴中的"采集文章素材",就可以把素材复制到自己文章中	

2. 掌握内容编辑技巧的 5 个要点

在借助编辑器排版文章时,做到表 2-13 所示的 5 个编辑要点,可以起到美化版面、提高排版效率、优化读者阅读体验的作用。

表 2-13

要点	说明
文章长短	一般 800～1500 字最为合适。 最重要的是文章短要短得能够让读者记住,长要长得让读者真正读进心里去。 短文排版相对容易,但对于长文而言,一段话在编辑器里不要超过 7 行。如果超过 7 行会加重读者的阅读负担
字体大小	正文字体大小推荐选用 14～16 像素为宜。 14 像素字体精致,15 像素字体适中,16 像素较大。 标题字体大小推荐选用 17～20 像素为宜。 17 像素适用于长标题,20 像素适用于短标题

续表

要点	说明
行间距、字间距、两端缩进	字间距选用 0 ~ 1.5 倍，推荐 0 或 1 倍。 行间距选用 1.5 ~ 2 倍，推荐 1.75 倍。 在进行文章排版时最好选用两端缩进，而不是首行缩进（政务号除外）。 两端缩进选用 8 ~ 16 倍，推荐 10 倍
文章配色	字体颜色最好使用低饱和度的，这样读者在阅读起来不会感觉刺眼。 正文字体颜色推荐：#565656、#545454、#595959、#3f3f3f。 配注字体颜色推荐：#a5a5a5。 一篇文章中出现的颜色最好不要超过 3 种，如果不知道如何配色，可上网搜索 RGB 颜色表，表格中有各种风格的配色，可直接复制颜色代码使用
文章配图	文章配图要清晰、无水印。 图片网站推荐 Unsplash、pexel、站酷。 动图网站推荐 Soogif、giphy

3. 开头、结尾版式的应用

在文章开头和结尾给出读者清晰明确的行动指令，读者会不由自主地按照指示进行操作。

在文章的开头区域可放置引导关注账号的内容，或作为活动推荐页、广告展示页等；结尾区域可放置引导读者点赞、评论、分享的内容，如图 2-12 所示，这些在图文编辑器中都有模板，运营人员只需简单修改文字即可使用。

图 2-12

2.3 同步强化模拟题

一、单选题

1. 以下选项中，不属于图文新媒体的是（　　）。

   A. 广播　　　　　B. 数字电视　　　　C. 手机　　　　　D. 电脑

2. 以下选项中，不属于运营能力的是（　　）。

   A. 文案写作能力　　B. 编辑程序能力　　C. 图像处理能力　　D. 执行策划能力

3. 新媒体的文案结尾，可以从哪些角度进行设计？（　　）

   A. 首尾呼应、号召用户、推送祝福、引发共鸣

   B. 购买引导、金句、提问、"神转折"

   C. 金句、广告展示、提问、"神转折"

   D. 首尾呼应、金句、推送祝福、引发共鸣

4. （　　）是图文媒体运营的基石。

   A. 受众主体　　　B. 过程执行　　　C. 内容信息　　　D. 目标分析

二、多选题

1. 图文类媒体平台的内容运营在互联网中占比较大的图文类媒体平台有（　　）。

   A. 知乎　　　　　B. 抖音　　　　　C. 新浪网　　　　D. 微信公众号

   E. 微博　　　　　F. 绿洲　　　　　G. 小红书　　　　H. 头条号

2. 内容运营中的"运营"指的是（　　）。

   A. 系统的运营工作　　　　　　B. 体系化的运营思路

   C. 完整的运营流程　　　　　　D. 偶尔撰写一两篇阅读量高的文章

3. 在媒体运营中图像可以增强用户对内容阅读的体验感，在使用图像时，（　　）图像不可以使用。

   A. 没有版权提示的图像　　　　B. 压缩后的小图像

   C. 图片画质高清的图像　　　　D. 与文章适配度高的图像

4. 从数据中寻找热点的方法有（　　）。

   A. 百度搜索风云榜　　　B. 爱奇艺指数　　　C. 微博热门话题

D. 百度指数　　　　E. 知乎分析

5. 运营人员可以利用主题拓展法输出某一或某几个领域的专业内容，从而形成一个系列的专业选题，如数字媒体运营，包含（　　）。

A. 内容运营　　　B. 用户运营　　　C. 活动运营　　　D. 社群运营

E. 短视频运营　　F. 公关运营

三、判断题

1. 选题的判断标准有3个，分别是受众、话题、主体。（　　）

2. 微博可以@、私信、评论、转发功能，并邀请名人和明星实名认证，认证后会在用户名后加字母"V"，以名人效应拉动的策略，实现早期至现今的用户增长。（　　）

3. 根据社会时事热点撰写品牌借势营销文案，以及为一个电影海报撰写推广软文，都是新媒体文案工作内容。（　　）

4. 小米胶囊耳机的广告标题是"创新胶囊外观、佩戴更舒服"，"胶囊外观"和"佩戴舒服"分别是卖点和痛点（　　）。

2.4　作业

1. 根据"减少餐饮浪费"这一热点话题，确定选题方向。

2. 根据第1题确定的选题拟写至少3种类型的标题。

3. 选择第2题拟写的3种类型的标题中的一个撰写一篇文章。

4. 使用编辑器对写好的文章进行排版。

第 3 章

短视频媒体运营实务

各大短视频平台无疑是当下火热的数字媒体平台,本章将从认识短视频平台开始,以短视频的技术运营、内容运营、数据运营3个方面为重点,深入讲解短视频的运营方法与技巧。

3.1 认识两大核心短视频平台

从2016年开始,各大短视频平台展开了激烈竞争,为了抢占市场、争夺用户,不断调整营销策略、产品业务线,时至今日抖音、快手成功登顶,形成了"南抖音、北快手"的基本格局。

3.1.1 快手平台

快手平台是当下最大的用户记录、分享生活的短视频平台之一,诞生于2011年。

1. 快手平台的发展历程

从表3-1中可以看到快手平台的发展历经了4个阶段。

表3-1

时间	历程
工具期（2011年3月—2011年10月）	2011年,快手推出GIF工具,最早的用户群为创意动图爱好者,因此快手的前身也被叫作"GIF快手"
转型期（2011年10月—2012年11月）	作为工具型产品的快手由于变现渠道难以打通且核心业务缺乏竞争壁垒,易被替代,因此在2012年11月快手开始向社区产品转型
破局增长期（2012年11月—2016年）	2013年7月快手转型为短视频社区,正式更名为"快手"。 2015年6月,快手用户从1亿涨到了3亿
成熟期（2017年—2020年）	2017年11月,快手进入"日活亿级俱乐部",日活跃用户数超过1亿,总注册用户数据超过7亿。 2019年5月29日,快手日活跃用户超过2亿。 2020年,快手在电商领域日渐成熟,与淘宝、天猫、拼多多、京东等多家购物平台建立了良好合作关系,快手的商家号数量超过60万,为用户变现提供了更多可能

2. 快手平台的特点——记录世界、记录你

可以说快手是一个用短视频记录和分享生活的视频资料平台。"每一个最普通的人都值得被记录"是快手的使命。"普惠、简单、不打扰"是快手的产品理念。"真实、有趣、接地气"是快手的平台调性。

（1）内容真实,注重生活化,用户圈层丰富。

快手的短视频以"原生态"为主。视频内容几乎不做任何修饰、不夸大,原模原样地呈现生活最本真的模样。

快手一般不刻意培养KOL，而是想让每一位普通人都可以通过平台自由自在地发声、随心所欲地记录生活，因此快手的用户圈层较为丰富，大多数KOL都是"草根"出身。

"辛有志－辛巴"就是从"草根"成为头部网红的典型，像这样的达人在快手上还有很多，如"散打哥""本亮大叔""刘妈"等。

（2）流量分发逻辑："普惠式"运营平台。

快手基于"社交+兴趣"对用户进行去中心化的内容推荐。

快手一个屏幕里有多个视频，是双列表点选模式，用户有自助选择权，这样用户对内容的兴趣指向更加精准，系统能够知道用户的兴趣偏好在哪里，有利于运营人员培养账号的长尾内容和人格化内容，如图3-1所示。

（3）以用户为本，注重用户体验。

快手广告痕迹较轻，没有开屏广告。特有的"K歌"功能如图3-2所示，可以让用户选择自己喜欢的歌曲进行演唱或与其他用户进行合唱。用户遇到不感兴趣的视频时，长按视频，在出现的界面中单击"不感兴趣"，快手就会减少这类内容的推荐次数，甚至是停止推荐。

图3-1

图3-2

（4）变现方式：以广告营销、直播打赏及电商变现为主。

快手围绕其独有的"老铁文化"，形成了"先认人再认货"和"以人带货"的商业转化模式，粉丝黏性较高，形成了较强的直播间效应。例如"嗨吃家""林家铺子""南极人"等品牌都在快手上实现了强有力的品牌宣传与变现。

3. 用户画像

"高手在民间"可以很好地概括了快手的用户定位。快手用户群体较广，聚集了大量的民间高手，其用户画像如表3-2所示。

表 3-2

属性	说明
地域	快手用户大多来自三四五线城市，以及各地农村，北方人多于南方人，其中以晋冀辽等地用户占比较多
性别	女性多于男性，但相差比例不大
年龄	主要在 25 岁以下，其次为 25~35 岁
消费及行为偏好	低毛利率、去库存的商品比较受欢迎

4. 快手的流量机制

快手的流量推荐机制是基于"社交＋兴趣"进行内容推荐，如图3-3所示。

对于新上传的视频作品，快手机制会率先进入一个冷启动的环节。

首先是对作品进行审核，审核通过后系统会提取兴趣标识，分配到"关注页面"与"同城页面"同时展示。

初次分配，会有0~200次的播放量，系统会根据作品的点赞、评论、完播、转发来判断视频是否要推入下一个流量池。数据好，继续推流；数据不好，结束推流。

进入下一个流量池后，流量推荐数将不再均等划分。

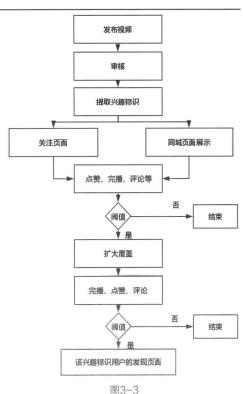

图3-3

系统会根据这个阶段的流量的反馈数据来判定是否达标,以此来判断是否进行第二次流量推荐。如果未达标,那系统将不会进行下一波推流;如果达标,视频将会被推荐到该条视频标识用户的发现页面。

3.1.2 抖音平台

2016年由今日头条孵化的、覆盖全年龄层的音乐短视频社区——抖音App正式上线。

通过这款软件,用户可以自行拍摄短视频,搭配自己喜欢的歌曲,形成自己的作品,上传发布到抖音平台上;抖音平台也会根据用户的兴趣推荐更多用户喜欢的视频。

1. 抖音平台的发展历程

抖音平台的发展历经了两个时期,具体如表3-3所示。

表3-3

时期	历程
蛰伏期(2016年—2017年)	抖音于2016年9月份上线。 2016年至2017年一直打磨产品,优化产品性能及用户体验,未进行大规模的宣发
爆发期(2017年—2020年)	2018年春节,抖音超越了快手,成为手机应用商店下载量中排行最高的App,并连续占据榜首16天。 2019年,抖音日活超过3.2亿,用户数过11亿,正式成为一款全民级的应用软件。 2020年,抖音直播电商板块全面起航,开启了全民直播带货新浪潮

2. 抖音平台的特点

抖音——专注于新生代的音乐短视频社区,"记录美好生活"是其产品理念,"有趣、潮酷、年轻"是其平台调性。

(1)内容优质、形式多样化、用户年轻化。

抖音是年轻流量集中地,最初以音乐吸引大批爱好音乐的年轻群体,但目前其内容逐渐朝着多样化、多元化发展,如生活记录类、炫酷科技类、知识分享类、短剧情类等,目前抖音上的内容涵盖了多个领域、十几个行业,具体如图3-4所示。

(2)流量分发逻辑:"去中心化"运营平台,沉浸式体验。

抖音是全屏播放的界面,打开抖音App后,视频内容自动播放,给用户直观刺激,减少用户思考想看什么视频的时间。之后,根据用户的观看情况或者评论,推算用户喜好,从而给用户推送更多他们感兴趣的内容。

第3章 短视频媒体运营实务

所属行业	全部	网红美女	网红帅哥	搞笑	情感	剧情	美食	美妆	种草	穿搭	明星
	影视娱乐	游戏	宠物	音乐	舞蹈	萌娃	生活	健康	体育	旅行	动漫
	创意	时尚	母婴育儿	教育	职场教育	汽车	家居	科技	摄影教学	政务	知识资讯
	办公软件	文学艺术	手工手绘								

排行	播主	飞瓜指数	粉丝数	平均点赞	平均评论	平均转发	操作
01		1241.1	2941.8w	29.4w	1.6w	8010	详情
02 19		1111.1	1867.1w	21.5w	3295	3002	详情
03 17		1102.7	1884.0w	9.5w	7058	3.3w	详情

图3-4

（3）人性化设计，内容为王。

抖音中，上下滑动即可切换视频，重要的功能（点赞、评论、转发）都集中到了右侧，方便用户右手单手操作，沉浸感较强。

抖音更注重创意内容、优质内容，希望用户围绕视频内容进行即时互动，独有的拍同款功能，更是降低了拍摄难度、增强用户参与度，如图3-5所示。

（4）变现方式：以启动页广告、短视频广告推送、直播打赏、电商为主。

抖音开屏广告具有曝光量大、视觉效果好、可定向投放等优点，深受房地产、汽车、化妆品等行业的青睐。

"阿迪达斯""良品铺子""奥迪"等品牌都曾在抖音上进行付费推广，进行新品推荐，为品牌扩大了流量曝光率。

图3-5

另外抖音平台鼓励用户开设抖音小店进行流量变现。

3. 用户画像

"美好生活在抖音""美好事物在抖音""美好人物在抖音"是对抖音用户画像相对精准的定位。其具体用户画像如表3-4所示。

表3-4

属性	说明
地域	抖音主打的市场是城市,因此用户都集中在一二线城市
性别	截至2020年2月,抖音用户男女比例较为均衡
年龄	年轻群体居多,24岁以下用户占比较大,用户主要为18~35岁段
消费及行为偏好	抖音用户普遍收入较高,对于美妆、服装、母婴、电子产品的需求度较高

4. 抖音流量机制

抖音独特的去中心化算法如图3-6所示,这种推荐算法能让每一个短视频内容创作者都有和头部账号公平竞争的机会。

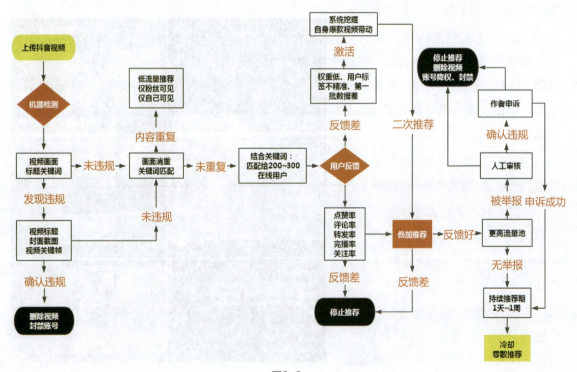

图3-6

（1）双重审核。

每天有超过百万个作品上传到抖音上，强大的工作量仅依靠人工审核效率太低，因此抖音形成了"机器审核+人工审核"的双重审核机制，以初步筛选用户上传的抖音作品。

第一步：机器审核。

当新作品上传至抖音后，机器审核立即启动，主要是对视频画面、标题关键词进行识别。如有违规，就进行标记，等待下一步的人工审核。

机器审核除了对视频画面、标题关键词进行识别之外，还会将新作品与现有视频进行匹配消重。如判定视频画面内容的重复度过高，则会降低对作品的推荐度，甚至是降权推荐。

第二步：人工审核。

人工审核是在机器审核的基础上，重新审核那些被标记的违规点。如确认违规，会对账号做出视频下架、账号封禁等不同程度的处罚。

除解决机器审核无法判定的问题外，人工审核还会集中对作品的标题、封面、关键帧进行检测。

（2）冷启动。

视频作品经过机器审核、人工审核两道关卡之后，并且不存在违规现象，就会进入基础流量池进行曝光。

对于每一个新发布的作品，抖音都会给到一个基础的流量池，一般是200～300个用户浏览。系统会根据这200～300个用户的反馈（关注、评论、点赞、转发、完播）来判断是否要将视频推送到下一个更高级别的流量池中。

系统判断的权重标准按照排序依次是作品完播率、点赞率、评论率、转发率。

（3）叠加推荐。

叠加推荐遵循倒三角的推荐机制，如图3-7所示。

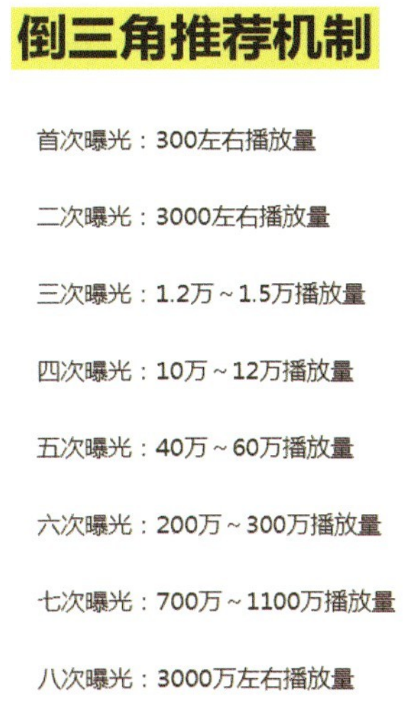

用户数据反馈差，系统会立即停止对视频推荐；用户数据反馈好，系统就会推送给更多用户。如此反复，好的内容会不断获得推荐。

如果视频符合二次推荐的标准，那么视频将会被推送到下一级别流量池。之后根据这个流量池中用户反馈的数据，判断是否

倒三角推荐机制

首次曝光：300左右播放量

二次曝光：3000左右播放量

三次曝光：1.2万～1.5万播放量

四次曝光：10万～12万播放量

五次曝光：40万～60万播放量

六次曝光：200万～300万播放量

七次曝光：700万～1100万播放量

八次曝光：3000万左右播放量

图3-7

再推送到下一流量池获得更大的流量曝光。如果在某个流量池中，数据反馈不达标，那么系统就会停止推荐，视频流量也就此止步。

视频进入更大的流量池就意味着要被更多用户监督。如果视频作品被人举报，则会直接启动人工审核机制，由人工确认视频是否违规。若确定违规，轻则停止视频推荐，重则封禁账号。

如果视频没有被举报，那么视频的持续推荐期会维持在1天～1周（推荐期的长短仍然由用户反馈数据决定），直到流量触顶。

视频若被举报，视频作者拥有申诉的权利，申诉成功的话，视频依然会进入1天～1周的持续推荐期，直至流量触顶。

3.2 短视频的技术运营

短视频最重要的展现形式就是视频，涉及视频。一般来说，视频中要包含文字、声音、画面3个要素，而画面是需要运营人员通过拍摄、剪辑后才能呈现出来的，因此这两项也被称为短视频的技术运营，所以就需要运营人员掌握一定的拍摄视频及剪辑视频的技巧，这也是技术运营的重要内容。

3.2.1 拍摄工具及技巧

一条优质的短视频，不光要有精彩的脚本，还要有精美的画面，所以短视频拍摄是运营人员需要掌握的技能之一。

1. 拍摄工具

简单的短视频拍摄，一部手机即可搞定。手机具备拍摄便捷、美颜功能强大、续航能力强、对焦方便等特点，可以随时随地想拍就拍，如图3-8所示。

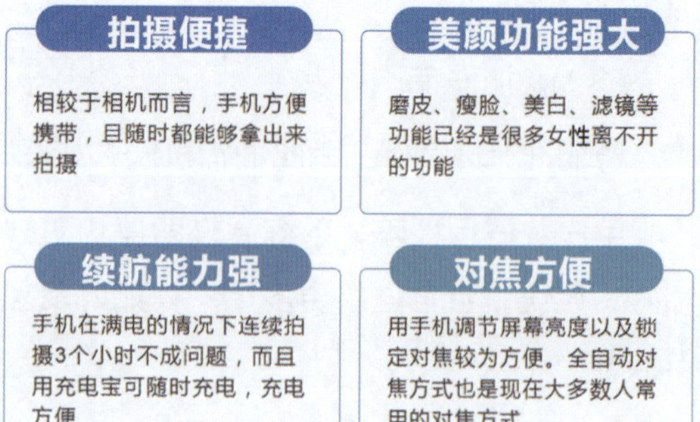

整体拍摄效果比较好的手机有华为P40、华为Mate 30 Pro和iPhone 8等。相较而言，这几款手机的电池续航能力、成像能力均较好，其具体参数如表3-5所示。

拍摄便捷：相较于相机而言，手机方便携带，且随时都能够拿出来拍摄

美颜功能强大：磨皮、瘦脸、美白、滤镜等功能已经是很多女性离不开的功能

续航能力强：手机在满电的情况下连续拍摄3个小时不成问题，而且用充电宝可随时充电，充电方便

对焦方便：用手机调节屏幕亮度以及锁定对焦较为方便。全自动对焦方式也是现在大多数人常用的对焦方式

图3-8

表 3-5

手机型号	华为 P40	华为 Mate 30 Pro	iPhone 8
屏幕分辨率	2340 像素 ×1080 像素	2400 像素 x1176 像素	1334 像素 ×750 像素
像素密度	422 PPI	/	326 PPI
相机拍照（万像素）	后置相机：5000+1600+800 前置相机：红外摄像头 +3200	后置相机：4000+4000+3D 深感镜头 +800 前置相机：3200 素	后置相机：1200 前置相机：700
拍照特性	自动对焦、连拍功能、照片特效、拍摄场景、数码变焦、定时器拍照、全景拍照	自动对焦、连拍功能、照片特效、拍摄场景、数码变焦、定时器拍照、全景拍照	自动对焦、连拍功能、照片特效、拍摄场景、数码变焦、定时器拍照、全景拍照
光学变焦	3 倍光学变焦、5 倍混合变焦、30 倍数字变焦	3 倍光学变焦、5 倍混合变焦、30 倍数字变焦	/
相机特性	后置摄像头支持光学防抖，前置相机为固定焦距	/	后置光圈 f:1.8，光学图像防抖功能，六镜式镜头，支持慢速同步的 4-LED 原彩闪光灯，蓝宝石玻璃镜头表面，混合红外线滤镜，曝光控制，降噪功能，照片地理标记功能

在用手机拍摄时，为了保证视频画面的清晰度及流畅度，可以把手机的分辨率调整为 1080 像素，帧率调整为 60f/s（帧每秒）。

2．拍摄技巧

拍摄技巧有很多，由于拍摄主体、环境的不同，所采用的拍摄技巧也不相同，如用光技巧、剪影技巧、手持技巧、运镜技巧等，其中较为简单且重要的就是运镜技巧。只要掌握一定的运镜技巧，即使是运营新人一样也可以拍摄出精美的视频大片。

5 种简单实用的运镜技巧，如图 3-9 所示。用好这 5 种运镜技巧能满足大多数短视频拍摄的要求。

（1）推。

"推"指推镜头，拍摄对象位置不动，手机缓慢向前移动，保证镜头有一个向前推进的效果。画面逐渐由远及

图3-9

近,场景由大到小。最后画面中呈现的内容就是核心的部分。推镜头比较适合强调人物情绪变化,或者视频中想要突出的细节。

拍摄过程中可用手持稳定器保证画面稳定、不抖动。

(2)拉。

"拉"指拉镜头,拍摄对象不动,保证镜头有一个向后拉伸的效果。画面由近及远,场景由小到大。最终呈现的效果是由一个主体逐渐扩展到主体所在的场景。这种运镜技巧可以更好地交代拍摄环境,帮助用户更好地融入视频渲染的情境中。

首先画面的开场应该是在局部的特写或近景镜头,然后通过镜头的不断后退,直至出现全景甚至远景。

例如,拍摄全家在海边赶海的镜头,由近及远,同时配合拉镜头,营造温馨氛围,带给观众对美好生活的向往。

(3)转。

"转"指转镜头,摄像头机位在原地不动,通过辅助设备在原地做任意角度与方向的旋转。建议在拍摄视频时,旋转角度尽可能地大一些,如旋转到180°或者360°,以便后期剪辑。又如拍摄人物被眼前景象所吸引的视频,那么画面的第一秒一般是拍摄人物眼睛,下一秒镜头就转到人物所看到的物体上。而一些创意拍法则是利用旋转镜头,以增强画面的层次感。旋转镜头会出现在上述两个镜头之间切换的位置,所以旋转的这个镜头多数是用在过渡上。

(4)移。

"移"指移镜头,所拍摄的对象不动,手机沿各个水平方向移动的同时进行拍摄。移镜头的拍摄效果是最灵活的,如果在移动过程中拍摄者出现手发抖的情况,可以借助手持稳定器来达到稳定的拍摄画面。

(5)跟。

"跟"指跟镜头,与拍摄对象进行等距离运动的移动镜头。需要拍摄者与拍摄对象保持高度一致的移动频率才能拍摄出稳定的人物动作、表情及细节的变化。

3.2.2 剪辑方法及工具

爆款视频除了拍得好,更要"剪"得好。想要剪辑出一条爆款视频,首先要做的是确定剪辑方案,其次确定剪辑风格,最后进行剪辑工作,只有完成这一系列的流程,最终剪辑出来的视频才能够达到预期效果。

利用手机剪辑视频的详细流程如下。

1. 确定剪辑工具

手机应用商店里的手机视频剪辑软件五花八门,但是功能实用、操作简单的不多,需要运营人员根据自己的使用习惯挑选合适的剪辑软件,以下推荐几款,如图3-10所示。

乐秀视频编辑器	猫饼	巧影	剪映
其功能繁多,有超级相机、视频剪辑、动态字幕、海量模板、格式转换、压缩视频等,但部分功能只有开通会员才能使用	功能强大,包括海量滤镜、字幕、变速、音乐、画面等。Vlog①类视频可直接用猫饼拍摄	使用这款软件的技术要求比较高,例如色度键调节、抠图、绚丽滤镜、音频调节、多层图等功能需要有一定的视频编辑基础才能用好	剪映是运营人员使用频率最高的手机视频剪辑软件之一,而且剪映是抖音官方推出的一款手机视频剪辑软件,功能较为全面,操作简单易上手,适用于视频剪辑新手

图3-10

2. 确定视频剪辑要求及侧重点

视频在拍摄时是按照脚本一步一步进行的,但并未标注重点。运营人员需要确定剪辑视频的要求,视频风格是温情还是搞笑,节奏是快是慢,配乐是柔情还是动感,时长是1分钟还是30秒等。

例如,拍摄有关美食的视频,往往会涉及制作、试吃、讲解等过程,那就要告诉剪辑师剪辑的重点是在制作、试吃还是讲解,以突出其内容亮点。

一个账号的视频内容最好在风格、节奏和时长上都是一致或相近的,这样有利于增强用户的记忆点及提高用户黏性。

3. 确定视频成片效果

片头内容呈现什么,所用时间是几秒;片中内容呈现什么,所用时间是几秒;片尾内容呈现什么,所用时间是几秒:这些都是需要运营人员与剪辑师确认的内容。如果发现剪辑出来的视频与所预期的成片效果有很大差距,就需要运营人员再次跟剪辑师进行沟通、修正,直至剪辑出符合要求的视频成片。

---

① Vlog 的全称是 Video Blog 或 Video log,可简单理解为视频博客,是通过视频记录日常生活的一种方式。真实、即兴是 Vlog 内核心点。

3.3 短视频的内容运营

短视频的内容运营有其独特的行业属性,并明显区别于图文的内容运营。下面从短视频的内容特征、内容形式及内容创作技巧3个方面展开。

3.3.1 短视频的内容创作特征

随着5G时代的到来,短视频产业发展迅猛。目前,短视频已成为我国移动互联网流量增长最快的产品之一。那么,短视频内容为何如此受欢迎呢?下面总结了短视频内容创作的3个特征。

1. 短(时间短)

"短"是短视频最明显的特征。常见的短视频时长为15秒,最长不会超过5分钟。如抖音平台一般为15秒的视频,最多不超过60秒;快手平台一般为7秒的视频,最多不超过57秒,这很符合现下用户对碎片化时间的使用习惯,并且降低了用户的时间成本。

2. 平(门槛低)

在抖音和快手上存在着太多"有意思的人",超过半数的用户会关注这些意思的普通人,如"田姥姥""罗姑婆"都是生活中最常见的长辈,但却在抖音坐拥上百万的"粉丝"。因此普通用户也可制作并发布属于自己的短视频并将其分享到各类短视频平台。

3. 快(节奏快)

相较于电影动辄几小时的时长而言,短视频内容由于时长的限制,不得不去掉"枝叶",只留"主干",因此展示出来的内容往往都是精华,且视频节奏较快。如抖音的"七舅脑爷"在其"在真正爱你的人面前,你永远有台阶下"的短视频(图3-11所示为其中的一个视频画面)中,仅仅用1分钟的时间就完成了背景搭建、人物矛盾冲突、人物关系缓和、完美结局的故事,给用户呈现了一场情侣因出门旅游选错景点、双方吵架、各自赌气、分开,又和好、一起向着下一个景点奔去的真实场景,而这种情况无论是在电影里还是日常生活中,远远不是一

图3-11

分钟就能够呈现出来的，但短视频却可以做到。

3.3.2 短视频的内容展现形式

短视频的内容形式较为丰富，作为运营人员一定要选好所运营账号的视频内容展现形式，才能更好地达到宣传与传播的效果。

1. 口播类

口播类视频可以说是拍摄成本最低的内容展现形式之一。口播最核心的元素是人，具体来说是人的表演能力。口播类视频对于服装、饰品、道具、化妆等要求不高，只需要满足环境干净、光线充足、不喧闹等基本拍摄要求，马路上、海边、办公室、家里等都可以作为口播类视频的场景。

口播类视频的内容创作公式为"问题+干货或观点+引导"。口播类视频的演绎形式也很简单：镜头中仅出现一个人即可，固定镜头机位进行拍摄，无须进行场景变换，示例可参考图3-12所示画面。

图3-12

2. Vlog

Vlog的内容创作公式为"我是谁+我做了什么+有什么结果"。

在拍摄抖音Vlog时需要兼顾内容与时长。在其他视频平台，一支Vlog的长度可能在10分钟左右，甚至更久。但是在抖音这种短视频平台，一支Vlog时长最好不要超过5分钟，1~2分钟最佳。

例如"晚安阿紫"这个账号记录的就是一个人的独居生活，其"幸福源泉是~被期待着，也充满期待"这条视频（其中的一个画面如图3-13所示），描述的就是一个人下班回家做饭、洗澡、吃饭的过程，核心主题为"一个人也要好好生活，吃喜欢的东西，做放松的事情，心情好了，万物才可爱，也值得爱"，给了用户一种美的享受。

图3-13

3. 剧情类

目前在短视频平台上"剧情+？"的内容展现形式最受欢迎。其表现形式也分为3种，如图3-14所示。

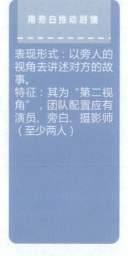

图3-14

剧情类的拍摄，一定要先确定好账号定位，根据定位确定"人设"，即剧本的走向——是暖心温情的还是奋发向上的。只有确定好定位，才能够围绕定位进行角色与内容创作。

如"毛光光"这个账号，就是以柜姐"吴桂芳"这个人物为核心，展现了一个柜姐平时与顾客打交道的日常，其中出现的"贵妇姐姐——叶总""经理——雅琴""同事——公主切"等人物都是由"毛光光"一人扮演，通过两人对话来推动整个剧情的发展，其中的一个如图3-15所示。

"5秒注意力+10秒反转+15秒涨粉"是行业内公认的一个短视频内容创作公式。

这个公式的意思是说，剧情开始的3～5秒时间内必须有吸引用户的内容，这开场直接决定了用户是继续看下去还是快速"划走"。但紧接着在用户想要"划走"时，视频内容却迎来反转，打破常规，吸引用户继续看下去。因为一般的套路剧情对用户来讲已经很熟悉了，不能让用户看到开头就知道结尾，

图3-15

要给用户带来惊喜，只有这样用户才会反复观看。

一条短视频中，所出现的反转剧情超过2次以上，被引爆的可能性就非常高。而且当剧情、人物、场景、事件能够完美融合在一起，并在视频结尾能有很好的引导（如点赞、转发），就能调动用户情绪。

3.3.3 "爆款"短视频运营方法

每条"爆款"短视频都是经过精心设计的，下面介绍运营制作"爆款"短视频的方法。

1. 模仿法

模仿是所有创新的基础，在短视频内容创作中，模仿分为随机模仿和系统模仿。

（1）随机模仿。

随机模仿就是就当下什么内容火就模仿什么。例如抖音上爆火的"卡点换装""不心动挑战"等短视频，就是因为用户争相模仿、不断创新，才能够在抖音上成为"爆款"。

（2）系统模仿。

系统模仿想要做得好，一定要找准"对标账号"。只有找准对标账号，并对其进行系统拆解，才能更好地模仿，从而拍摄出更贴近对标账号风格的内容。

当然，模仿法固然能够快速解决创意选题的难点，可是一味模仿只是一种短期行为。只有摆脱单纯的内容模仿，做一些真正属于运营人员自己的"爆款"短视频原创作品，才能让自己从跟随者变为引领者，提升职业成长速度。

例如抖音上的"毛光光""多余和毛毛姐""小李朝""青岛大姨张大霞""董代表"等账号，其短视频往往是一人分饰多个角色，但每个账号又都有自己的风格，"毛光光"以柜姐"吴桂芳"为核心，讲述柜姐与顾客之间的故事；"青岛大姨张大霞"以"大姨"为核心，讲述妈妈与儿子之间的故事等。这才是好的系统模仿，也是运营人员要重点学习的。

2. 四维还原法

正所谓"画虎画皮难画骨"，为了真正做到举一反三，随心所欲地创作选题及内容，下面介绍四维还原法，以深入研究模仿对象的"骨"，也就是对方"爆款"抖音选题的核心创意。

（1）内容还原。

内容还原最简单的办法，就是把热门视频出现的元素全部用文字描述一遍，再用清单表格的方式整理出标题、音乐、画面、台词等内容项，如图3-16所示。在填写表格时文字部分要做到一字不落，其他细项则是越细致越好。

内容还原	标题		
	音乐		
	画面	人物	
		景别	
		动作	
		背景	
		表情	
		语气	
	台词		

图3-16

（2）评论还原。

运营人员至少收集对标的"爆款"视频评论区的前30条高赞评论。通过高赞评论，深入分析用户对这条视频的哪个点产生了共鸣。所收集的评论，除了可以用来分析账号视频内容亮点外，还可作为运营人员维护自己视频评论区的参考。

抖音上的一些高赞评论列举如下。

①怎样才能让我男朋友/女朋友/妈妈/爸爸无意间看见这个视频。

②给摄影师加个鸡腿。

（3）身份还原。

运营人员可以利用飞瓜数据等第三方数据平台，查看对标账号的用户年龄、性别及常见关键词等详细信息，如图3-17所示。对完成观看、喜欢、点赞、互动的用户做画像分析，完成用户的身份还原。

（4）策划逻辑还原。

运营人员需要分析作者的策划逻辑，如这条视频是给谁看的、主流用户是谁、说什么给他们听、怎么说他们爱听、什么话是他们想说不敢说的。如视频是要给孕妈看的，那么如何安全备孕、安全生产是这类人群最想听的话题；如果视频是给老人看的，那么健康养生、家人陪伴是这类人群最想听的话题。

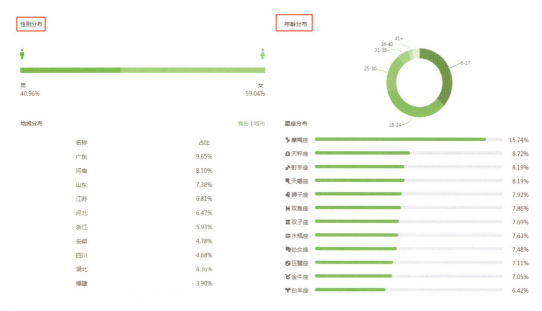

图3-17

3. 场景拓展法

场景扩展法就是围绕目标用户关注的焦点话题寻找合适的热门抖音选题、创意选题。

例如所运营的账号是做婴幼儿教育服务的，那么目标用户就是1~6岁的孩子。在目标用户已经非常明确的前提下，该如何进行"爆款"抖音选题的场景拓展？

（1）画一个九宫格。

（2）把"1~6岁的孩子"写在九宫格的中间位置，再来思考其他8个格子中应该填入的与孩子相关的核心人物关系。首先是亲人关系，由亲子关系，可以延伸出父母、爷爷奶奶、兄弟姐妹；其次是朋友关系，可以延伸出同学、老师；再次是其他关系，如家里的叔叔阿姨、家教等。其示例内容如图3-18所示。

父母	爷爷奶奶	兄弟姐妹
朋友	1~6岁的孩子	老师同学
叔叔阿姨	家教	保姆

图3-18

（3）找准一个人物关系后，再画一个场景九宫格，依次填入能够想到的场景。

假设以"孩子和家长的场景"为核心，可以延伸出上学路上、家里吃饭、出门购物、外出游玩、辅导作业、玩游戏、做家务、去医院等场景，如图3-19所示。

（4）将每个场景规划3段剧本。

以辅导作业场景为例，可能会产生考试成绩对话、辅导作业对话、检查作业对话等场景。如此一来，通过场景拓展的方式就可以获得不少短视频创意脚本。

4. 代入法

所谓的"代入法"实质是视频主题"换汤不换药"。最简单的方法是构建一个不需要来回换动的场景，让所有的人、物都在这个场景之下完成视频的拍摄。

上学路上	家里吃饭	出门购物
外出游玩	孩子和家长的场景	辅导作业
玩游戏	做家务	去医院

图3-19

例如，抖音上"土家摔碗酒"账号每天发布基于土家族摔碗风俗的短视频，如图3-20所示。这类视频的拍摄场景、拍摄脚本的改动量不大，从而降低了拍摄困难。

5. 嵌套法

如果你认为视频内容过于单一，缺乏亮点，可以利用嵌套法进行视频创作。

那么如何实现嵌套呢？

先写出第一个剧情脚本，在以第一个剧情为起因的基础上创作第二个剧情脚本，如此反复。也可以在一个"梗"上叠加另一个"梗"，运用这类合作方法的案例可参考抖音上"尬演七段"账号的视频。

6. 反转法

短小精悍的内容、剑拔弩张的矛盾、迷雾重重的疑点、惩恶扬善的结局，这类短视频深受用户的喜爱。这种突破用户心理期待，使剧情完全朝着用户心理预期相反的方向发展，更容易调动用户情绪，使其产生代入感。

图3-20

由于短视频时长较短，大部分剧情都是通过化妆、服装的前后转变来表现人物的变化，如抖音之前大火的"面试反转剧"，一个衣着邋遢的年轻人前来公司面试，却被其他面试者联手欺负，结果这位衣着邋遢的年轻人摇身一变成了公司老板，就是利用了服饰、妆容来凸显主角的前后变化。

这类剧情的创作公式为"被看不起＋被欺负＋强势逆袭"。

7. 刺激动作法

通过文案或剪辑技巧刺激用户完播、点赞、评论、关注、转发的行为称为动作刺激法。

运营人员可在短视频中可添加引导性的话语,如"最后一秒知道真相的我哭了""这5个初老特征你有吗？最后一个绝大多数人都无法避免""看到最后,你觉得我做得对吗""给我们的环卫工人点个赞吧"等。还有一类视频是运营人员通过剪辑技巧,给用户造成一种虽然视频无限循环,但我一定要等到答案的错觉,从而提高短视频的完播率。

刺激动作法不仅是要让用户把这条视频看完,还要让用户与创作者产生情感共鸣,比如创作者愤怒,用户就跟着愤怒;创作者悲伤,用户就跟着悲伤。同时,要让用户把自己的情绪通过点赞、评论的方式表述出来。

3.4 短视频平台的数据运营

短视频内容发布后,运营人员需要通过数据分析来指导下一步的工作,如内容优化、团队配置等。

3.4.1 短视频运营的五大数据指标

短视频运营最基础的五大关键指标如图3-21所示。

1. 播放量

短视频发布以后,运营人员最关注的就是播放量。而播放量又分为两个层面,一是实际的结果量（累计播放量）,二是同期相对播放量、对比播放量。通过深入分析播放量的数据,运营人员能够找到内容优化迭代的点。

完播率对于运营人员来说也是至关重要的,通过数据分析,可以发现用户集中跳出视频的点,从而避免下次出现类似问题,以便用户可以完整地看完视频。

提升视频完播率的方法如下。

（1）控制视频时长。

时长短的视频完播率高于时长长的

图3-21

视频。假设一条视频时长为5分钟，用户看了1分钟，完播率就是20%；而时长为15秒，用户看了5秒，完播率就是30%。

（2）注意背景音乐（BGM）的选用。

多用近当下热度高的配乐。通常有配乐的视频要比没有配乐的视频的完播率高。

（3）提升视频画面质感。

短视频用户整体上比较年轻化，喜欢美好事物，因此运营人员至少要保证发布出去的视频画质是高清的，而且要有能力尽量地提升视频画面质感。

2. 点赞量

短视频平台上点赞的作用就是把视频受欢迎的程度变得数据化。当点赞量特别高的时候，视频可以"上热门"，"上热门"之后，就能够有更多的人看到该作者的视频。如果有用户喜欢该作者的视频，可以直接关注作者的短视频账号。

正常的点赞数和"粉丝"数的比例大约为10：1，也就是说给视频点赞的10个人中，可能就有1个人会关注该账号。当然，点赞比越高越好。

提高点赞数的方法，如图3-22所示。

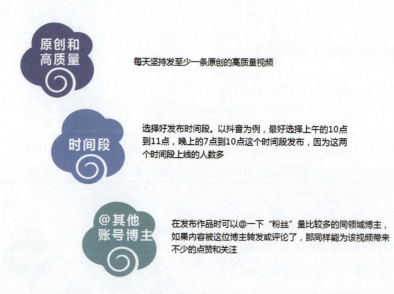

图3-22

3. 评论量

评论量高的短视频，说明其内容有戳中用户的点，有让用户强烈表达的欲望。

提升评论量的方式主要有两种。

（1）在评论区进行有趣或有干货的评论并进行引导。

事实上，抖音的评论区有时甚至比其视频内容还要精彩，因而很多用户喜欢看评论区。

因此运营人员在发布视频之初可以安排工作人员在评论区进行留言。留言一般分几种：第一种是正面维护的，第二种是反感质疑的，第三种是无聊调侃的，运营人员可以让朋友按照留言种类的划分在评论区进行回复，从而达到提高互动率和完播率的目的。

图3-23所示的是一条引导用户测试智商的视频内容，下方评论区也很精彩，因为测试智商是需要付费的，因此视频下方的评论"当我看的需要8.8元的时候，哎！我不配有智商"这一调侃性的留言获得了1.7万的点赞，说明至少有1.7万人赞同这一说法。同时作者下方的回复"不，你配拥有我"这一诙谐幽默的回应留言获得了2937个赞，说明至少有2000多人赞同作者的说法，这一条一来一回的评论与回复就为视频增加了近2万的流量曝光。下面一条"当要我花钱的时候，我觉得，智商高不高并不重要了"与第一条评论有异曲同工之妙，但作者的回复变了，"不，你想下，当你看到分数的时候，抑郁一年的心情突然就好了，是多么值得"这个评论的指向性更加的明确，引导用户参与智商测试，这条回复有2002个赞，说明至少有2000多人赞同这一说法。按照平均30%的转化率，也会有600人参与智商测试，大大提高了视频的转化率。除了这类的引导性评论，还有反向评论，如"情商高才行""我默默的退出来了"这两条评论很容易激发用户的好奇心——什么东西需要情商高，为什么会退出来，从而促使用户点击链接进入智商测试。这两条评论分别有9个、20个点赞，说明至少有29个人由于评论引发了好奇，从而发生了点击进入测试环节的行为。除此之外，评论区还有"求歌名"这样的普通评论，这条评论获得了30个点赞，说明至少有30个用户听完了视频所搭配的音乐，并且想要知道视频的配乐，也为视频增加了30个有效的完播。从这些评论中可以看到，用户在观看短视频时，如果遇到自己喜欢的视频，会打开视频下方的评论区进行留言评论，看到赞同的评论内容会对其点赞，表示肯定。因此对于运营人员来说，一定不能忽视评论区的运营与维护。

（2）在视频中提示用户在评论区互动。

运营人员在上传作品时，可以在视频上方及下方的文案中加入引导性的话语，引导用户参与互动，或者直接在视频文案中直接给出引导语"评论区留言"，如图3-24所示。

图3-23　　　　　　　　　　　　　　　　　　图3-24

4. 转发量

转发量指有多少用户转发了视频。转发率＝转发量÷播放量×100%。

转发量高，说明视频具备高传播的社交属性，其中一定包含了对用户有用的东西，用户可以通过视频来表达个人的看法、态度、观点等，如抖音上经常会看看到诸如"快@你男朋友""快转发给你闺蜜看"等系列话题的视频转发量都很高，就是因为其满足了用户的社交需求。此外，测评类、知识类等具有一定专业性的视频内容也容易被转发。

5. 关注量

关注量指有多少用户关注了账号，也可以称为"涨粉数"。用户愿意通过某一条视频对账号进行关注，说明账号所提供的价值是他们感兴趣的。当用户关注账号之后，运营人员要做的就是持续不断地输出高质量内容，否则用户可能随时会"取关"。

很多的短视频在播放结束时，通常会出现一个带有头像的片尾，以引导用户关注，这也是提升关注量的小技巧。制作此类带头像的片尾的具体操作如下。

(1)打开"剪映",点击下方"剪同款"按钮,如图3-25所示。

(2)在搜索栏中输入文字"关注"后可看到多种引导关注的模板,如图3-26所示。

(3)可以选择自己满意的模板,然后点击右下方"剪同款"按钮,如图3-27所示。

图3-25

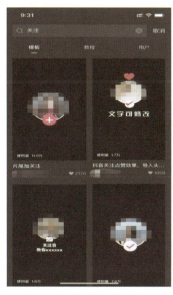
图3-26

图3-27

(4)选择所要呈现的账号头像,点击"下一步"按钮,如图3-28所示。

(5)点击"导出"按钮即可完成制作,如图3-29所示。

图3-28

图3-29

3.4.2 短视频运营必备的数据分析工具

运营人员在进行数据收集与分析时可利用第三方数据分析工具，以减少工作量，目前常用的短视频数据分析工具及其特点如表3-6所示。

表 3-6

类别	飞瓜数据	卡思数据	抖查查
短视频分析	实时热门视频 热门视频 热门音乐 热门话题	实时热门视频 热门视频 热门音乐 热门话题	视频飙升榜
达人分析	粉丝榜 涨粉榜 成长榜 蓝V榜 MCN机构 星图热榜 粉丝分析	达人搜索 达人榜 达人对比 粉丝解析 粉丝重合分析 平台达人分析 粉丝榜 涨粉榜 蓝V榜	粉丝榜 涨粉榜 掉粉榜 蓝V榜 MCN机构 达人对比 粉丝分析
直播分析	实时直播带货达人 直播带货排行 直播分享热榜 直播品牌排行 音浪收入榜 连播涨粉榜	/	爆款直播间 直播带货榜 音浪榜 直播检测
电商分析	热门商品排行 热门带货视频榜 电商达人销量榜 飞瓜淘客 商品搜索 商品热评视频 电商视频排行 我的商品	商品搜索 好物榜 销量榜 访客榜 潜力榜 达人带货榜 直播达人榜 带货视频榜	热门商品榜 带货视频榜 电商达人销量榜 淘客推广排行榜 商品搜索
热门素材	今日热门视频 热门视频 热门音乐 热门话题 热门评论 我的收藏素材	/	/

续表

类别	飞瓜数据	卡思数据	抖查查
创意测察	/	热门视频 实时热门视频 时事热点 热门音乐 热门话题 热门词云 我的收藏	视频飙升榜 热门视频 热门音乐 热门话题 打卡地点榜 我关注的素材
数据监测	我的抖音号 我的授权 视频监测 直播监控 视频带货力诊断	我的抖音号 视频监测	检测抖音账号 视频检测 对比抖音号 监测商品
查找主播	主播排行 MCN 资料库 主播搜索 星图热索 我收藏的达人 抖音号对比	/	/
品牌推广	/	热门品牌 品牌动态 品牌舆情 品牌用户画像 品牌官方号	品牌排行
价格对比	普通版：399 元 / 月 中级版：1299 元 / 月 高级版：4399 元 / 月	普通版：133 元 / 月 中级版：266 元 / 月 高级版：666 元 / 月	普通版：免费 中级版：399 元 / 月 高级版：1099 元 / 月
优势	市场口碑好 功能全面	拥有数据定制服务	性价比高 直播、电商功能全面
弱势	产品会员费较高	数据准确性弱	新品牌品宣弱，市场认可度低

3.5 同步强化模拟题

一、单选题

1. 2011年，快手"工具期"的前身也被叫作（　　）。

    A. 简映　　　　　　　B. GIF快手　　　　C. 全民小视频　　　D. Volg

2. 快手是"普惠式"的运营平台，用户群体较广，基于（　　）对用户进行去中心化的内容推荐。

    A. 社交+兴趣　　　　　　　　　　　　B. 兴趣+关注

    C. 点赞+社交　　　　　　　　　　　　D. 关注+收藏

3. 抖音对于每一个新发布的作品，系统会根据（　　）次播放量中用户的反馈来决定是否要将视频推送到下一个更高级别的流量池中。

    A. 200～300　　　　　　　　　　　　B. 300～400

    C. 500～600　　　　　　　　　　　　D. 700～800

4. 系统判断的权重标准按照排序依次是（　　）。

    A. 作品的点播率、点赞率、关注率、转发率

    B. 作品的点播率、关注率、转发率、评论率

    C. 作品的完播率、点赞率、评论率、转发率

    D. 作品的完播率、关注率、评论率、转发率

5. 短视频的拍摄中，场景由大到小，最后画面中呈现出最核心的部分。可以运用（　　）镜头，该运镜方式比较适合拍摄视频中想要突出的细节。

    A. 拉　　　　　　B. 跟　　　　　　C. 移　　　　　　D. 推

二、多选题

1. 抖音独特的"去中心化"运营平台，其特点是（　　）。

    A. 全屏播放的界面，直接自动播放视频内容

    B. 沉浸式的体验感，用户越喜欢看，平台越推送，反复如此，使用户沉浸其中

    C. 给用户直观刺激，减少用户思考

    D. 根据用户的观看或者评论，推算用户喜好，从而推送给用户更多感兴趣的内容

2. 用户对于信息、娱乐的获取已经脱离了传统视频时长的限制，内容更加倾向于可移动化、简短化、休闲化、娱乐化，因此短视频的主要内容特征是（　　）。

A. 短（时间短） B. 平（门槛低）

C. 快（节奏快） D. 精（内容精）

3. 根据运营方法论，其中"四维还原法"是短视频选题创意的核心，四维还原法指的是（　　）。

A. 内容还原 B. 效果还原 C. 评论还原

D. 场景还原 E. 身份还原 F. 策划逻辑还原

4. 在短视频平台上剧情类的内容形式最为吸引人，其表现形式有（　　）。

A. 电影电视剧情片段 B. 多演员推动剧情

C. 用旁白推动剧情 D. 一个人演绎剧情

三、判断题

1. "移"的镜头拍摄技巧是通过辅助设备在原地做任意角度与方向的旋转。方便后期裁剪，增加画面的层次感，所以这个镜头多用于画面的过渡上。（　　）

2. 拍摄人物在海边的近景镜头，通过镜头不断后退，出现全景甚至远景，这种效果是"拉"镜头的拍摄技巧，营造温馨氛围，带给观众对美好的向往。（　　）

3. 手机视频剪辑软件有乐秀视频编辑器、猫饼、巧影、剪映、Premier等软件。（　　）

3.6 作业

1. 利用场景拓展法为"江小白蜜桃味酒"设计一条短视频。

2. 对第1题设计的短视频内容进行拍摄。

3. 对第2题中拍摄好的视频内容进行剪辑。

第 4 章

直播运营实务

直播具备参与门槛较低、内容多样化、流量大等特点,是企业不得不重视的营销阵地。本章将着重从直播的策划、内容运营和数据运营3个维度来介绍其运营方法。

4.1 认识直播

下面从直播的类型和优势两个方面进行讲解。

4.1.1 直播的类型

随着网络技术、通信技术等信息技术的发展,直播逐渐走向多元化、多样化,从各类直播的主要功能定位看,目前常见的直播类型主要有4种,如图4-1所示。

图4-1

4.1.2 直播的四大营销优势

相比于其他媒体,直播在营销上具有更低廉的成本、更直接的消费刺激、更快捷的场景代入和更有效的互动四大优势,如图4-2所示。

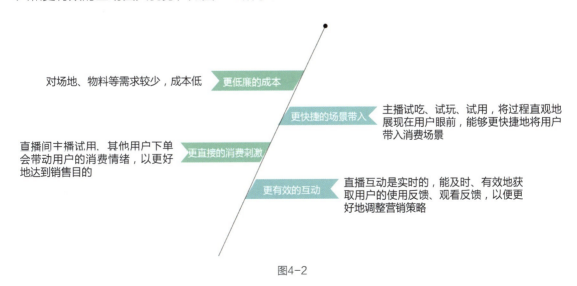

图4-2

4.2 直播策划

每一场直播都是由运营人员精心策划后才呈现给用户的,下面从直播的策划方案、产品运营、活动运营等3个方面进行讲解。

4.2.1 直播策划方案

只有事先确定好直播策划方案才能保证直播顺利地进行下去。

1. 直播方案传达路径

直播方案的传达路径分为3步——从思路到方案再到执行,具体如图4-3所示。由主管来确定直播方案的大致思路与方向,经由团队讨论对直播方案的思路进行补充说明,进而将直播方案落实到具体参与直播过程的工作人员身上,确认每个环节的参与人员及任务的时间周期;最终进入执行层,将直播方案传达给各部门、各项目的具体负责人员进行直播方案的执行。方案执行结束后,由执行人员负责直播后的复盘工作。

2. 直播方案的五大要素

一个直播方案一般包含五大要素,如图4-4所示。

(1)直播目的。

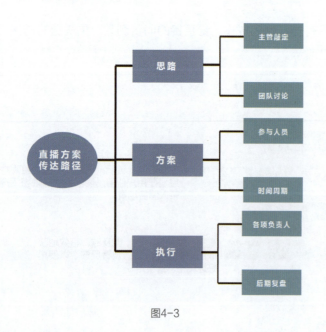

图4-3

图4-4

直播目的应明确，往往要在产品分析、用户分析的基础上，提出清晰的转化目的。

做产品分析前要先明确产品的分类，一般有两大类，一类是实物产品，如手机、鞋子、包包、衣服等；另一类是虚拟产品，如游戏、课件、舞蹈等。其次要从产品形态与成分（具体是产品的形状、尺寸大小、主要结构、成分等）及产品功能与效果（具体有产品的口味、容量、操作性能等）两个维度评估产品是否适合出现在直播间。关于直播过程中的产品运营，将在4.2.2小节"产品运营"中详细阐述。

用户分析可以从用户属性特征及用户行为特征两个方面进行分析。例如，一个短视频账号的用户画像为一二线城市的年轻女性，那么用户的固定属性就是一二线城市、年轻女性；这类用户晚上经常观看视频，热衷网络购物，对于美妆、服装的接受度高、消费良好，这就是用户行为特征分析。因而，从用户属性特征和用户行为特征进行综合分析，就可以得出相对客观的用户分析数据。

评判一场直播的转化目标是否达成。简单来说就是在做直播策划时所设定的转化目标必须是具体的、可衡量的、团队可达到的、与其他目标具有相关性且有明确截止期限的。

（2）直播流程、人员分工、时间节点。

为了使直播能够顺利进行，一定要提前设置好规划表，明确时间节点，并具体落实到对应的负责人，如图4-5所示。关于具体的直播流程设计将在4.3.1小节中详细讲解。

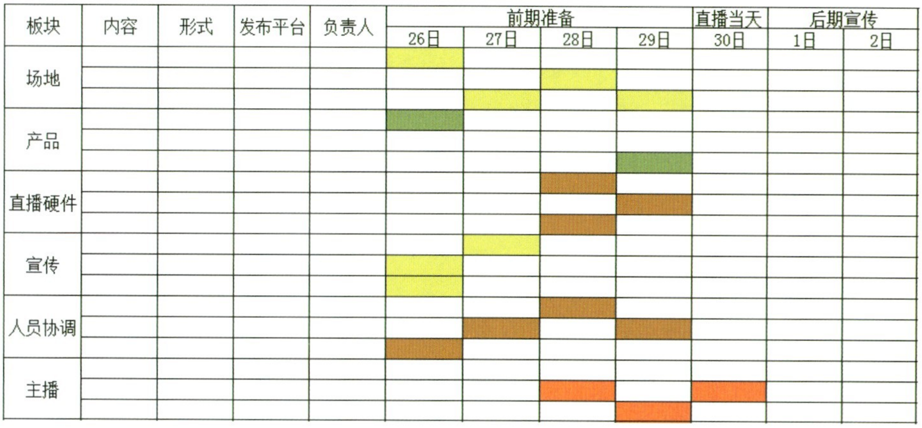

图4-5

（3）预算控制。

一场直播活动的预算主要包含人员费用、宣传费用、场地费用、道具费用、设备费用5个方面。

① 人员费用。

一场大型直播活动的参与人员至少包含主播、副播、助理、客服、运营、场控6个角色，如果需联合明星、网红、头部KOL，则所需成本会更多。

以抖音为例，该平台聚集了不同身份、不同类型的主播，他们有不同的特色和优势，品牌方可根据需要选择合作，如图4-6所示。

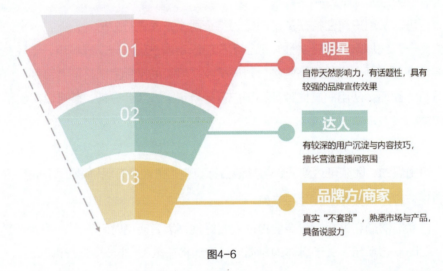

图4-6

品牌方在选择主播时可以按品牌特质、主播体量进行匹配，从而挑选合适的短视频带货主播。

② 宣传费用。

为了达到更好的宣传效果，更多的流量曝光，一场直播往往会进行宣传预热，如"812抖音奇妙好物"的直播活动，不但投放了抖音的开屏广告，还联合了多位明星、头部网红一起宣传，而这些宣传所需的费用相对较高。

③ 场地费用。

直播对于场地的要求较低，但一个好的场地对于提升用户对直播间的观感，提升直播效果有着非常重要的意义。

选择直播场地有两大原则，一是空间充分利用而不显得拥挤，既能让用户目光所及之处都是摆放有序的产品，又能够让用户感受到产品的种类非常丰富；二是场地要与产品相匹配，如推荐的是高档的美容护肤品就不能在路边进行直播，而是要选择环境好的会所、办公楼、工厂等，这样才更好地取信于用户。一般选做直播的4类场地如图4-7所示。

图4-7

④ 道具费用。

直播间的背景板、产品陈列架、产品介绍板等都属于直播间道具，这需要根据直播预算与直播效果来选择合适的道具。

⑤ 设备费用。

网络、手机支架、补光灯、提词器、摄像机、收音器、手机等都是一场直播中重要的设备工具。但这些设备并不是一次性的，每次直播都可以循环使用，因此建议挑选质量较好的设备，如手机可选择华为P30及以上的机型，补光灯选择8~10寸的。

4.2.2 产品运营

在直播策划中，最重要的当属产品运营及活动运营。在很多大主播的直播间，其直播的产品种类繁多，包括美妆、零食、家居……让直播间的用户应接不暇，但这些产品并不是主播自己的产品，因此就需要设立专门的产品运营岗位，负责找产品、联系供应链、选产品、与商家谈价格和折扣等，并在直播过程中保障商品能正常上架、优惠信息准确。

1. 选品的八大核心要素

选品时要做到心中有数，不乱选。这里着重介绍选品时需要综合考虑的八大核心要素，如图4-8所示。

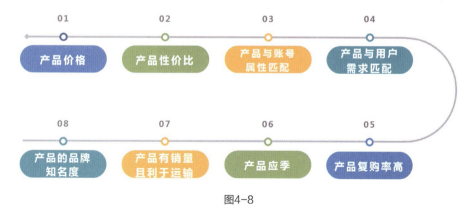

图4-8

（1）产品价格。

产品的价格不仅影响到用户是否会下单，也会影响到整场直播能够得到多少直播收益。因此要非常清楚什么价位的产品更容易获得目标用户的喜爱，更容易被用户所接受。

除产品的价外，更重要的是产品的佣金。直播带货的核心是卖货赚钱，同样一款产品，价格都是100元，若佣金只有10%，而其他人的佣金是30%，这就意味着"你的直播间每卖出一件产品赚10元，而其他直播间卖出一件可赚30元，那么同样卖出1000单，直播收益的区别很大"。因而，对于差不多价位区间的类似产品，要优先选择佣金高的产品。

（2）产品性价比。

无论在哪个直播平台上，一般高性价比的产品会比低客单价的产品更受欢迎，且更具定价优势和利润空间。例如，原价20元的零食，在直播间优惠价为9.9元；原价3000元的iPad，在直播间优惠价为1500元。前者为低客单价产品，后者为高性价比产品。而多数用户会选择购买iPad，因为高质低价会大大增强用户的购买欲。

产品是否可使用优惠券，是衡量产品性价比高低的重要因素。例如，平时一件100元的商品，在直播间可以领取50元优惠券，最终用户能以50元的价格买到商品，这么大力度的优惠券，是加速用户产生冲动消费的利剑。

（3）产品与账号属性匹配。

尽量选择与直播账号定位相关的垂直类产品。如美妆类垂直达人李佳琦，在选择直播带货产品时则以化妆品及护肤品为主。

（4）产品与用户需求匹配。

带货的核心是为了满足用户的需求，如果选择的带货产品是用户完全不感兴趣的，即使客单价再低，转化率也不会高。就如在小区里开水果店一样，在普通居民区，水果店的定位就是物美价廉；在高档小区里，水果店的定位就是高品质水果，根据用户需求情况匹配相关商品。查询所运营账号的"粉丝"属性的方法如图4-9所示。

 在抖音App直接查询。单击"我" → "创作者服务中心" → "粉丝数据"，可查看"粉丝"的性别分布、兴趣分布、活跃度、地域分布等基本信息。

 利用"飞瓜数据"查看用户画像。单击"数据监测" → "我的抖音号"，可查看粉丝数据概览和粉丝特征分析等信息。

图4-9

（5）产品复购率高。

选择复购率高、受众广、高消耗的产品有利于用户的二次转化，"粉丝"购买后会产生再次购买的想法，如洗衣液、卫生纸这类日常家居产品。在抖音上，食品饮料类产品的支付单量、成交总额（GMV）的排位相对靠前。

（6）产品应季。

应季的产品更为刚需，如端午节要吃粽子、中秋节要吃月饼；夏天的风扇、短袖、防晒以及冬天的暖宝宝、帽子、围巾等。

（7）产品有销量且利于运输。

在淘宝进行购物时，如果店铺的此产品连一单销量都没有，消费者就会怀疑是不是这家店铺有问题，不然为什么没有一个订单，直播带货也是如此。如果所选择的产品在直播间没有销量，用户就会犹豫要不要购买。同时还要保证产品的库存量，如果一场直播带货面对的用户是1000人，但产品库存只有10件就很不合理。另外，便于运输是很重要的点，一次愉快的购物体验很大程度上取决于对快递、物流的体验。例如，鲜花、葡萄、鲜活海鲜等这类产品运输起来相对麻烦，在选品时应考虑周全。

（8）产品的品牌知名度。

具备品牌知名度的产品被用户的认可度高，无需主播特意塑造产品价值，用户也会放心购买，品牌知名度越高，优惠力度越大，用户越会抢购，如华为手机、小米电视、格力空调等。

根据品牌知名度选品时，品牌知名度越高，价格越低，折扣越大，产品越刚需，越容易受用户喜欢。

用好上述八大核心要素，能有助于选择相对合适的产品，提升直播转化率。

2. 选品常用渠道及方法

下面以抖音直播选品为例，介绍7种常用的选品渠道和选品方法，如图4-10所示。

（1）借助数据分析工具选品。

本书第3章介绍了短视频数据的分析工具，下面以"飞瓜数据"为例介绍如何基于大数据分析进行选品。打开"飞瓜数据"，在"商品排行榜"页面中可以查看按销量排序的排行榜（日榜、周榜和月榜）。设置观众画像筛选和商品来源等查询条件，在榜单中即可获得符合条件的商品信息，包括关联视频数、商品抖音浏览量、商品抖音销量、转化率和售价/佣金率等信息，如图4-11所示。

- 借助数据分析工具选品
- 人气好物榜
- 分销平台
- 抖音达人销量榜
- 对标竞品
- 商家提供
- 供应链

图4-10

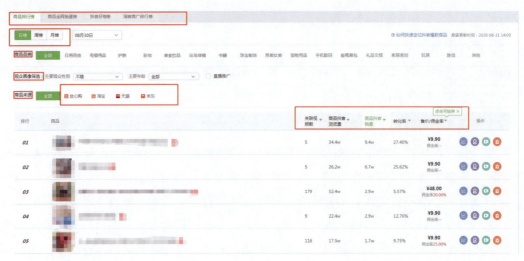

图4-11

（2）人气好物榜。

抖音会将当日热度最高的好物推荐以榜单的形式推荐给用户。在"飞瓜数据"的"人气好物榜"中有很多类目，如服装、盆栽、调料品等，可根据账号定位查看相对应的榜单，如图4-12所示。

（3）分销平台。

淘宝联盟、京东、好单库、选单网、大淘客等这些独立App或网站都有着各个类目的不同商品可供运营人员仔细挑选。图4-13所示为好单库的选品界面。

（4）抖音达人销量榜。

抖音达人销量榜的更新时间是每天中午12:00，如李佳琦推荐了某款产品，很多直播间会在最短的时间内也推同一款产品。抖音达人销量榜单可以借助市面上的数据分析网站，如利用"飞瓜数据"进行查看。登录"飞瓜数据"抖音版，进入工作台，单击"电商分析"，选择"达人销量榜"，即可查看热卖的商品排行，如图4-14所示。

图4-12

第4章 直播运营实务

图4-13

图4-14

在跟进头部主播带货时需注意两点：一是要第一时间抓住产品热点，因为很多产品是有时效性的，过了这段时间，产品可能就不适用了；二是争做第一波带新品的人，因为头部达人推荐的产品，很多商家或个人都会跟风去带，新品刚出现之时，就是争夺市场的最佳时间。抓住用户还对新品有好奇心的状态下，迅速安排开播带货。

（5）对标竞品。

关注30~50个同类型账号，看同行们每天在直播间里带些什么产品。

（6）商家提供。

抖音上经常会有商家主动联系直播账号的运营人员，把产品样寄过来邀约带货推广，而且中腰部的直播间更受商家青睐。

（7）供应商。

强大的供应商不但可以保障产品的质量和价格，还可以保障产品的种类、运输、售后等，这样的供应商在市场上尤为抢手。

3. 直播间产品的2种经典上架搭配模式

直播间购物车里面的产品上架顺序在一定程度上影响了直播间的流量和成交率。

在一场直播中要上架的产品可分为四大类，如图4-15所示。

引流款

引流款又称为福利款。可利用极低的价格甚至是免费的方式吸引用户在直播间停留，进行直播热场

抢拍款

抢拍款就是需要用户拼"手速"去抢的产品。例如罗永浩直播间里的五折可乐，上架即秒空。这类产品可以在短时间内增加用户的下单量

基础款

基础款可以理解为经典款，这类产品对于用户来讲性价比极高，不得不购买

利润款

利润款就是利润空间较大的产品，产品价格相较于其他产品更高一些。直播间的利润款产品直接影响到直播能否赚到钱

图4-15

在直播间上架产品时，只有将上述4类产品进行有效的排序，采用恰当的策略才能达到预期的直播目标。下面介绍2种常用的产品上架搭配经典模式，如图4-16所示。需要注意的是在一场直播中切忌上架过多的产品，产品过多对于用户而言增加了筛选的负担，如果是一场4小时的直播，那么商家选择50款左右的产品为宜。

01 引流款→抢拍款→利润款→基础款

直播刚开始时,可预设好直播间达到多少人就上架引流款产品的目标,调动起直播间"粉丝"观看直播的积极性。

当直播在线人数逐渐稳定下来后,上架抢拍款产品作为"粉丝"福利。如有"粉丝"既没抢到引流款又没抢到福利款,借此机会可上一批利润款产品。如果直播间用户因为利润款产品价格过高,犹豫要不要下单的话,可以再上一波基础款产品

02 引流款→抢拍款→基础款→利润款

开播时仍用引流款产品拉动直播间流量,增强直播间的互动性。再用抢拍款产品进行直播间福利放送,增加直播间"粉丝"的停留时长。当直播间在线人数达到顶峰时再上架基础款产品和利润款产品。当然,引流款产品不仅可以在直播开始时上架,还可以穿插在整场直播活动当中

图4-16

4.2.3 活动运营

直播最大的特点就是可以双向互动,激发用户观看直播的热情。而一场直播活动想激发用户热情,让用户跟随主播节奏观看直播,一定离不开活动运营的前期策划。

1. 策划活动的3个层面

直播间活动策划得好,就能快速引爆直播间,引起用户的购买欲望。

(1)具备强吸引力的介绍。

对直播活动的介绍一定要精简,使用户一听就明白。一般有两种介绍直播活动的方式:一是"利益点+支持点+促销点",二是"特点+利益点+促销点"。

① 利益点+支持点+促销点。

案例:×××护肤品能够<u>美白淡斑</u>,因为里面含有<u>烟氨酸</u>,今晚直播间<u>五折优惠</u>。
　　　　　　　　　　↑　　　　　　　　↑　　　　　　　↑
　　　　　　　　利益点　　　　　　　支持点　　　　　促销点

② 特点+利益点+促销点。

案例:×××口红<u>超显白</u>,让你成为<u>聚会女王</u>,今晚直播间<u>买一送一</u>。
　　　　　　　↑　　　　　　　　↑　　　　　　　　↑
　　　　　　特点　　　　　　利益点　　　　　　促销点

(2)极简的活动规则。

简单的规则才能让用户一看就明白,如"全场9.9元零食,晚8点直播间抢购""全部商品

1元直播间秒"等。

（3）用户无法拒绝的优惠。

用户无法拒绝的优惠一定是价格超值、赠品超值、心理超值的叠加，从而使用户认为商品超值，产生不得不下单的消费冲动。例如，"xx手机五折优惠，赠送手表，周五晚8点准时直播"。

价格超值，除了打折，还从"伪"低价、尾低价、优惠券、分档价等方式体现，如图4-17所示。

图4-17

赠品超值，除了介绍赠品的质量外，还可着重体现赠品的数量。例如，买一送五就比买一送一显得优惠。赠品就是要让用户感觉通过额外的产品或者服务提高了产品本身的价值，用直接的利益点来刺激用户下单，提高销售额。选择赠品时，一般遵循以下4个原则：有用性原则（日常消耗品）、珍稀性原则（看上去价值高但价格低）、迫切需求性原则（应急刚需）、趣味性原则（有趣、好玩）。

心理超值，让用户自我说服，产品的有限度、稀缺度、社交属性、价格锚点等都构成了对用户心理的刺激。例如，"xxx和xxx跨界联名款，送周边，直播间抢""2人拼团享六折优惠""原厂地打包发货""错过今天，只能等明年""限时折扣、限量赠品"等。

2. 活动运营的3个阶段

一场直播中的活动运营按直播的时间线分为直播开场活动运营、直播中活动运营、直播后活动运营3个阶段。

（1）直播开场活动运营。

一般在刚开始直播时，直播间的人气不旺，气氛较为冷清，需要主播快速热场，聚拢人气，此时的开场活动运营的具体操作流程往往如图4-18所示。

图4-18

（2）直播中活动运营。

在直播过程中除了需要采用一定的产品上架搭配模式外，还需要有一些活动来作为辅助，从而更好地激发直播间用户产生更多的消费行为。

① 开播抽奖。

刚开播时，如果直播间人气过低，运营人员就可以提醒主播引导直播间用户分享直播间链接，告知直播间用户只要人数达到多少人，就开始抽奖。直播间用户为了能够快点抽奖，大多愿意把直播间链接分享出去。如薇娅直播间在每次开播时都会抽奖，那么就有一大波用户在这位主播开播时准时进入直播间等待抽奖。

② 整点抽奖。

一场直播至少要持续2个小时，而想让用户一直停留在直播间，就必须给到用户留下来的理由，这里就可以用整点抽奖的方法。

如果直播间的抽奖福利足够吸引人，大多数用户会专门守在直播间等待抽奖活动。在进行抽奖活动时，直播助理要第一时间为用户提供反馈，例如立刻在直播间念出中奖用户的名字，并且向直播间其他用户展示中奖截图，以保证抽奖的公平性。

③ 互动抽奖。

互动抽奖不仅能够提高用户在直播间的停留时长，还能够提升用户与主播的互动频次。当主播提出问题时，用户在公屏与主播互动，能有效地提升直播间的热度，而主播提问的问题大多是在直播前设置好的。

④ 限时限量秒杀。

限时限量秒杀营造的就是产品稀缺并受"哄抢"的氛围，刺激其他用户下单。

举个例子，直播间原价199元的产品，限时限量开价69.9元。截止时间一到价格立即回调至199元。这样就会促使直播间用户立即下单，有效地提高了转化率及用户的留存率。在设计这类活动时有2个细节需要注意，如图4-19所示。

提前预告	时间不宜过长
不要临到上架时才告知直播间用户，这样很多用户没有提前做准备，可能会中途退出直播间，或者是没听明白活动规则，错失下单机会。一定要让用户带着期待看直播	活动时间最好不要超过15分钟，并且规定好上架的产品数量。如果直播间里每个人都能抢到的话，产品就不值钱了，用户也就会失去"抢到"的成就感

图4-19

（3）直播后活动运营。

一场直播即将结束时，还可以利用6个手段来促进本场直播的转化，如图4-20所示。

回顾本场直播所有产品	热销爆款产品设置返场	引导关注
直播快结束时，运营人员可以让主播快速过一遍本场直播推荐的产品	在回顾产品时，对于直播间热度较高，大多用户没抢到的产品，可以酌情考虑设置产品返场	以抖音为例，在直播结束后，主播应引导直播间用户关注账号，方便对下次直播进行预告
导流至私域	设置权限	下期直播预告
将直播平台上的公域流量导入私域流量中，如微信号，以便后续转化	如果将直播间的所有用户都引导至微信群，会加大管理社群的工作量。因此可以设置入群权限，如只有直播间的"铁粉"、加入粉丝团等用户才可入群。这既可以减少运营难度，又能够增强直播间用户对主播的黏性	预告下期直播的时间、内容、福利等

图4-20

4.3 内容运营

内容质量是一场直播成功的关键。直播的内容运营包含直播流程、直播脚本、直播预热三个部分。

4.3.1 直播流程

一套详细、完善的直播流程可以帮助运营人员更好地管理团队、协调人际关系、节省沟通成本。直播流程一般包括直播定位、产品选择、直播筹备、直播间搭建、宣传渠道5个环节,每个环节中又包含若干小事项。运营人员可以借助清单的方式将直播流程罗列出来,形成一份固定的直播工作计划表,每次在运营直播活动时按照表格的固有流程进行,可以大大节省时间成本,快速开展工作。一份简单明了的直播工作计划表,如图4-21所示。

工作类别	工作项	细节	负责人	18 一	19 二	20 三	21 四	22 五	23 六	24 日	25 一	26 二	27 三	28 四	29 五	30 六	12/1 日
定位	定位5步曲	我是谁/面对谁/提供服务/解决问题/个人愿景	×××						人设设定	人设设定						预备	开播
定位	调研	知己知彼,设定自己的直播风格	×××						调性设定	调性设定						预备	开播
商品选款	选品	自营产品、工厂溯源、时装周	×××						首批选款	首批选款	首批选款	首批选款				预备	开播
商品选款	定价	对比市场同类产品、卖点、定价	×××						首批选款	首批选款	首批选款	首批选款				预备	开播
商品选款	货品比例	引流款、抢拍款、基础款、利润款	×××						首批选款	首批选款	首批选款	首批选款				预备	开播
直播间准备	地点(自选)	工作室、工厂、店铺、背景墙	×××								场地准备	场地准备				预备	开播
直播间准备	灯光(自选)	环境灯、测光灯、前置灯架	×××								选购	选购				预备	开播
直播间准备	布景(自选)	背景墙纸、摆设道具、尺子	×××								选购	选购				预备	开播
直播间准备	声音设备(自选)	麦克风、收音器等	×××								选购	选购				预备	开播
直播筹备	流程策划	直播间促销活动、流程策划	×××									设计				预备	开播
直播筹备	产品卖点	根据选出的款撰写卖点文案	×××									设计				预备	开播
直播筹备	人员分工	制定播间人员的分工合作方案	×××									设计				预备	开播
直播筹备	准备工作到位	留意直播间动态、烘托气氛	×××										检查			预备	开播
直播筹备	主题风格策划	按人群、季节等设定主题	×××							主题构思						预备	开播
渠道筹建	大众门户	抖音、快手等短视频引流	×××					预热					预热		预热	预备	开播
渠道筹建	社交媒体	小红书、爱逛等垂直播体引流	×××					预热					预热		预热	预备	开播
渠道筹建	双微引流	微博、微信的图文引流	×××					预热					预热		预热	预备	开播

图4-21

1. 确定直播主题

直播主题决定了直播性质。运营人员应根据每个账号的定位及用户属性,设计不同的直播主题。

如果账号定位是才艺类，用户大多为女性，运营人员可以设计"才艺+带货"为主题的直播内容，让主播在直播过程中以分享好物的形式把好的产品带给用户。

如果账号定位为知识类，用户大多为职场人士，运营人员可以设计"知识分享"为主题的直播内容，让主播在直播过程中为用户科普有趣、有用的职场小知识。

2. 策划直播脚本

关于直播脚本的策划与编写在本书的4.3.2小节"直播脚本"中有详细剖析。

3. 制定直播预热方案

关于直播预热方案在本书的4.3.3小节"直播预热"中有详细剖析。

4. 准备直播设备清单

一场高质量的直播仅仅依靠一部手机很难实现，还需要搭配手机支架、灯光、产品介绍板、产品陈列架、麦克风等设备。

5. 直播内容

在直播过程中，产品介绍、用户互动、抽奖、引导成交等行为构成直播内容。

6. 直播中的场控调度

场控主要负责整场直播的监测调度，把控直播节奏、及时处理突发事故、协调团队配合各方工作。

7. 直播复盘

每场直播过后都会留存直播数据，作为运营人员需要对这些数据进行分析，复盘整个直播过程，查找其中的问题，给出解决方案，具体操作如图4-22所示。

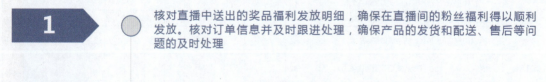

图4-22

4.3.2 直播脚本

一场成功的直播离不开设计严谨的直播脚本。直播脚本的侧重点在于带货或品牌宣传，重在对用户体验及节奏的把控。

1. 直播脚本的目的

直播脚本可以帮助运营人员更好地把控直播的方向、节奏，具体需要达成三方面的目的，如图4-23所示。

图4-23

2. 直播脚本分类

直播脚本可分为两类，一类是单品直播脚本，另一类是单场直播脚本。

（1）单品直播脚本。

单品直播脚本只围绕一个产品展开，着重介绍该产品的卖点，引导用户购买，其模板如图4-24所示。

（2）单场直播脚本。

单场直播脚本可以说是由多个单品直播脚本组成。因为用户进入直播间的时间是不固定的，为了能够使不同时间段进到直播间的用户可以快速了解到直播间的价值，就需要运营人员在设计直播脚本时，将该场直播的总时长拆分成若干时间单元，每个时间单元就是一个单品直播脚本，这样既可以降低用户的理解成本，又能提高用户参与度。例如，一场4小时直播的脚本可以拆分成多个时间单元，如图4-25所示。

单品直播脚本		
目标	宣传点	
品牌介绍	品牌理念	
利益点强调	最低价 / 最优惠 / 新品首发……	
参考台词	产品介绍（产地、使用场景、品牌历史……）	
	不用该产品会怎么样	
	介绍产品细节特点	
	主播试用产品	
	分享试用效果及感受	
	进行产品推荐	
引导转化	关注	
	分享直播间	
	点赞	
	下单	

图4-24

一场 4 小时直播的脚本	
时间	主要内容
开播前 3 分钟	进入直播状态，与"粉丝"打招呼、互动
开播前 3～10 分钟	介绍本场直播间 1～2 款引流款产品，并开始进入签到抽奖的环节
10～15 分钟	对今日新款和助推产品进行前期曝光，营造出直播间浓烈的购买氛围
15～25 分钟	对直播间所有产品进行走马观花的介绍，让用户对所有产品有基本的了解。在这个时候不要管用户的留言，也不要管用户的问题，助理的主要任务是在旁边摆放产品，以给用户留下印象
25～135 分钟	对各个产品进行逐一介绍，每个产品按照单品直播脚本的要求给用户介绍，而且在这个过中可以穿插几个整点抽奖活动，调动大家的购物热情
135～195 分钟（最后 1 时）	最后一个小时的返场中，可以对一些引流款产品进行加量告卖。对一些卖得不好的产品可以进行再次推送，具体产品的选择看自己的安排
195～225 分钟（最后半小时）	向直播间用户完整演绎购买方式，顺便做一些清零活动，促使大家清空购物车
225～235 分钟（最后 10 分钟）	剧透明天的新款，或者见缝插针回复今日关于产品的问题
235～240 分钟（最后 5 分钟）	强调关注主播，通知下次开播时间，预告下次有哪些直播福利

图4-25

4.3.3 直播预热

直播预热是保障直播间用户数量的基础,是新增用户的重要手段。

1. 直播预热内容

直播预热内容包含预告直播时间(哪天、哪个时间段直播)、直播主题、直播内容、直播产品、直播福利5个部分。

"悬念+好处"是大部分预热直播间的方法。好处包含优惠券、优惠活动、现金礼包等,文案一般为"XX月XX日直播间等你来"。

2. 直播预热时间

如果是大型活动,像"天猫双十一""京东吃货节"或者大型秒杀(低折扣限时限量)、抢购(在特定时间段集中购买某种商品)等活动,需要提前3~5天发布预告短视频,预热直播间;而在短视频平台,一般的直播活动提前1~3小时发布直播预热的短视频即可,因为短视频平台会在视频发布后会进行审核,审核通过后才会进行流量推送,一般需要1~3小时,才会逐渐进入流量高峰期。假设运营人员计划晚上8点开播,那么最晚要从晚上5点开始发布直播预热的短视频。关于直播预热的时间节奏控制可参考图4-26。

节奏	长线	中线	短线
时间周期	7天	3天	直播当天
引流素材	短视频引流	短视频预热 + 直播素材引流	仅通过直播素材引流
场景	适用于用户基础较弱的直播间	可兼顾老用户和引入新用户	适用于已形成固定开播认知及用户基础好的直播间

图4-26

3. 预热技巧

预热技巧分为文案技巧与封面技巧两类。

（1）文案技巧。

运营人员可采用"1+1模型"，即"精准定位/人群＋问题和方法"。当用户明确事件跟自己有关系时，会投入更多的注意力，而文案如果能够做到这一点，也就成功了一半。"第一次化妆不会画眉毛怎么办"这个标题就精准地定位了受众群体——第一次化妆且不会画眉毛的用户，而这些用户进入直播间就可以学会画眉毛的技巧。这种既提出问题又给出解决办法的文案技巧，能够快速吸引对这类问题感兴趣的用户关注直播间。

（2）封面技巧。

一个好的直播封面图，可以吸引大部分用户的关注。封面图的制作有6个要素，如表4-1所示。

表4-1

制作要素	说明
清晰简洁	图片上尽量不要出现文字、水印，不过度美化
图片完整	尽量不使用拼图
与直播间风格保持一致	减少用户进入直播间的跳出感
尽量不选用白色背景的封面图	白色不够显眼，不能凸显图片特色
不频繁更换封面图	培养用户的黏性
与标题相呼应	避免图不对题的问题

4. 直播预热类型及要点

这里简单列举两类直播预热类型，分别是品宣直播预热与带货直播预热。

（1）品宣直播预热。

品宣的直播预热需要有可看性和爆点，突出品牌价值、情感价值，尽量不全部使用"硬广"视频，因为"硬广"视频的可看性不高，会削弱直播导流的效果。

（2）带货直播预热。

以抖音带货直播预热为例，其内容要符合抖音平台的特色，突出消费价值，尽量在素材中对折扣、奖品、优惠力度有明显的体现，结合直播福利、货品保障等全面信息，要对用户产生从感性带动到理性消费的感染力。

5. 直播间引流方法

以抖音为例，直播间的引流方法除了短视频预热引流外，还有信息流广告、Feed流（抖音针对带货账号直播间引入垂直流量的一种直播间推广模式）、直播广场、同城、关注、主页、DOU+（抖音为创作者提供的视频及直播间的加热工具）、搜索、外部流量（微信、小红书、微博）等。

4.4 数据运营

如果没有数据支撑，做直播运营等于是蒙着眼在走路，不可能走得稳、走得好。这里以抖音直播为例，从直播时长、在线人数、停留时长、转粉率、转化率5个方面的数据来介绍如何分析一场直播是否达到了运营预期。

4.4.1 直播时长

直播时长即主播从开始直播到关闭直播的时间长度。

一般来说直播间需要一段时间的人气积累才能达到峰值，而一场带货直播往往是从4个小时起步，通常会在开播后的2个小时左右直播间人气达到峰值，而接近4个小时后，直播间的用户人气会呈现下滑的趋势。有2种方法可以改善这种情况，如图4-27所示。

图4-27

例如，抖音上的带货直播的最佳开播时间为晚上6点至9点，人气高峰时段一般在晚上7点至10点，大多数订单会在这个时间段产生。

4.4.2 在线人数

在线人数即同时在线观看直播的人数。例如在抖音上，直播间在线人数会实时显示在右上角的位置，如图4-28所示。

直播间同时在线人数在一定程度上反映了直播间权重的高低及直播间的火热程度。

权重高的直播间在开播15~30分钟内同时在线人数可达到200~1000，甚至更多，而且会随着直播时间的延长而增长。权重低的直播间的同时在线人数可能始终在50人上下。

4.4.3 停留时长

停留时长即用户在直播间的停留时间。用户在直播间停留的时间越长，给直播间增加的热度就越高。

虽然直播间在线人数很重要，但重心应该放在留住用户和提高人均观看时长上。

人均停留时长的计算公式：

直播间人均观看时长 = 直播时长（秒）/ 观看人数

直播行业内做得相对优秀的直播间，用户的平均停留时长为6~10分钟，这个数值可供运营人员参考。

图4-28

4.4.4 转粉率

直播间陌生用户关注账号的数量为直播间的转粉量。转粉量与观看人数之间的比率为转粉率。

转粉率的计算公式：

转粉率 = 新增粉丝数 ÷（观看人数 − 粉丝回访）× 100%

运营人员想提高直播间的转粉率，就需要为主播设计引导直播间用户关注的动作、话术及理由。

4.4.5 转化率

直播间转化率即在直播间下单人数占直播间到达店铺的访客数的百分比。

转化率的计算公式：

$$转化率 = 产生购买行为的客户人数 \div 直播间到达店铺的访客数 \times 100\%$$

假设在直播间有100人点击购物车进入店铺，实际购买人数为25人，则转化率=25÷100×100%=25%。

由于直播间人数、产品属性的不同，所以无法直接界定转化率多高才算好，但目前可供参考的是只要能把直播间里的每20个人转化1个就算转化率及格。

4.5 同步强化模拟题

一、单选题

1. （　）是随着网络技术、通信技术等科技的发展，以视频、音频直播为手段，以广播、电视、互联网为媒介，成为一种很重要的电商模式。

　　A. 绿色营销　　　　B. 网络营销　　　　C. 直播营销　　　　D. 社群营销

2. 直播开场时，主播以"光盘行动"作为引子，引发直播间的粉丝进行互动讨论，属于（　）形式的直播活动开场。

　　A. 借助热点　　　　B. 抛出数据　　　　C. 提出问题　　　　D. 直白介绍

3. （　）是保证观看直播间用户数量的基础，是新增"粉丝"的重要手段。

　　A. 直播主题　　　　B. 直播脚本　　　　C. 直播预热　　　　D. 直播内容

4. 一个好的直播封面图，可以吸引用户的关注，以下哪一项封面图的制作不正确？（　）

　　A. 图像清晰简洁，图片完整　　　　B. 与直播间风格保持一致

　　C. 与标题相呼应　　　　　　　　　D. 经常更换封面图

二、多选题

1. 相比较其他媒体的传播方式，直播的优势明显在于（　）。

　　A. 对场地、物料等需求较少，成本更低，操作简单

　　B. 产品使用过程效果直观，能快速将用户带入消费场景

　　C. 能够了解产品的细节，准确感知产品

　　D. 直播互动双向，可收获用户的反馈，便于调整营销方向

　　E. 直播过程中，用户下单会带动其他用户，更好地达到销售目的

2. 直播方案一般包含以下哪几个要素？（　）

　　A. 直播预热　　　　B. 直播目的　　　　C. 直播流程　　　　D. 人员分工

　　E. 时间节点　　　　F. 预算控制

3. 直播间引流的主要渠道包括（　）。

　　A. 商域流量，如信息流、Feed流　　　　B. 公域流量，如直播广场、同城

C. 私域流量，如他人主页、关注　　　　D. 外部流量，如微信、小红书、微博

4. 大型活动，需要提前（　）发布预告短视频，加热直播间；短视频平台一般的直播活动需要提前（　）发布直播预热。如果运营人员计划晚上7点开播，那么最晚要从晚上（　）开始发布直播预热视频。

A. 1～3天　　　B. 3～5天　　　C. 1周　　　D. 1～3小时

E. 3～5小时　　F. 5点　　　　G. 4点　　　H. 6点

三、判断题

1. 直播间购物车里面的商品顺序在一定程度上会影响直播间流量和成交率。（　）

2. "麻溜儿的！XX原生态特产，吃得健康，今晚直播间8点买一送一！"这一活动标题介绍，属于特点＋利益点＋促销点的介绍。（　）

3. 直播中作为抢拍款商品的作用是利用低价或免费的方式吸引用户在直播间停留，进行直播间热卖。（　）

4.6 作业

1. 为"中秋福利宠粉大回馈"这一直播主题，选择并设计直播间的产品上架搭配模式。

2. 根据"中秋福利宠粉大回馈"这一直播主题，设计直播过程中的抽奖活动。

3. 针对第1题中选出来的一款产品进行单品直播脚本设计。

第 5 章

用户运营

运营人员应该是最了解用户的,并懂得如何在用户身上实现运营的最高价值。本章将从用户定位、用户新增、用户留存、用户促活、用户转化、用户分层、用户裂变7个层面来深度解析用户运营的相关工作内容及技巧。

5.1 用户定位

用户定位可以帮助运营人员快速找到精准的用户群体、建立目标用户画像，从而将产品与用户需求完美地结合在一起，实现长期运营、精准营销的目的。下面从用户数据分析、建立用户画像、用户需求分析3个方面介绍如何进行用户定位问题。

5.1.1 用户数据分析

用户数据分析就是对用户的基础数据、行为数据进行全面解读。通过对用户的数据分析可以更全面地了解目标用户的具体情况。

（1）用户基础数据分析。

做用户基础数据分析的目的是了解用户是谁，有哪些特征。一般需要了解的用户基础数据如图5-1所示。

图5-1

（2）用户行为数据分析。

用户行为数据包含购买频率、购物偏好、购买数量、访问时长、搜索信息、使用行为等。简单地说，通过用户行为数据分析了解用户在直播平台上做什么、喜欢什么。

5.1.2 建立用户画像

建立用户画像就是给用户"贴标签"的过程，把用户基础数据及行为数据结合在一起，从而得出用户画像的初步模型。

标签大体可分为人口特征、兴趣特征、社会特征、消费特征、地域特征5类，如图5-2所示。

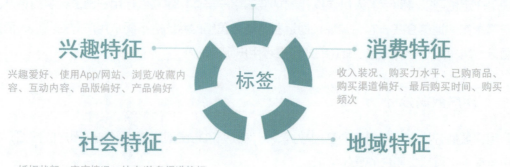

图5-2

运营人员根据使用习惯,将这些标签"贴"到用户身上,可以得到一个简单的用户画像图谱,如图5-3所示。然后将多个简易用户画像图谱集合到一起,从中筛选出用户的共性特征,再进行提炼浓缩就可以获得一份具有营销参考意义的用户画像。

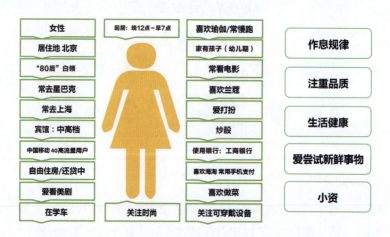

图5-3

5.1.3 用户需求分析

对于运营人员来说,精准地挖掘和把握用户需求是至关重要的,因此数据分析必不可少,而对于用户需求数据的收集与分析可以从4个方面展开,如图5-4所示。

01 搜索法

工具：用"5188"大数据——关键词需求图谱
通过分析词频放射图进一步分析用户需求
通过分析疑问词关联进一步挖掘用户需求
关键词：为什么、如何、多久、多少、怎么样

02 研究报告法

渠道：
艾瑞咨询-艾瑞网
199IT互联网数据中心
数据新知-易观（易观智库）
移动观象台
国金证券研究所
中金研报

03 竞品分析法

对标企业、品牌、账号等

04 访谈、问卷法

街头采访、填写调查
问卷等

图5-4

对于搜索法而言，利用工具搜索来挖掘用户需求是每一位运营人员必备的技能，如此得出的用户需求是基于大数据统计的，因而具有较高的参考价值与意义。例如在进入"5188"网站后，运营人员可以根据产品的具体情况选择关键词挖掘、相关词挖掘、需求分析等不同的功能，如图5-5所示。

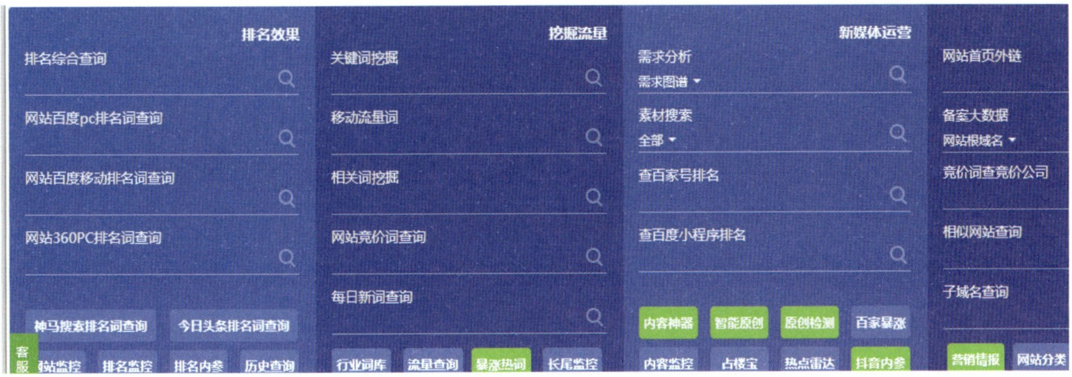

图5-5

如果产品是跟减肥相关，那么运营人员可以在"关键词挖掘"文本栏中输入"减肥"并单击搜索按钮，在弹出的界面中就会出现很多关于减肥的关键词（如"减肥食谱""跳绳减肥""减肥操"等），并给出与这些关键词相关的流量指数、移动日检索量等数据，从中可以得出对于用户减肥需求较高的是减肥食谱，如图5-6所示。

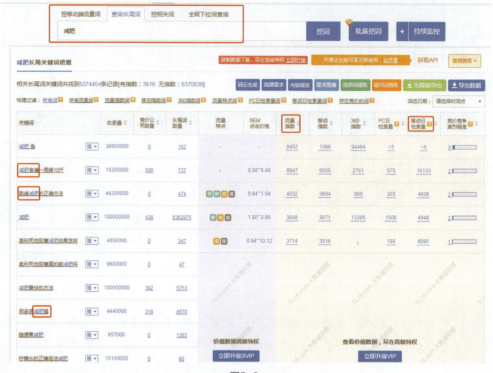

图5-6

除了搜索法外，权威的官方研究报告对于分析用户需求也有着重要的参考价值，因为这些研究报告是相关机构基于互联网大数据下，多位资深研究师针对某一领域或现象，对用户做出的较为全面的分析成果。

运营人员需要时刻关注竞品信息，通过竞品来分析用户需求是否发生了改变，如竞品升级了包装后产品销量剧增，说明用户对于产品外观的需求是比较大的，接下来就需要将这类信息反馈给相关工作人员，并要求改善产品的展现形态。

运营人员还可以通过与用户交流、让用户填写调查问卷的方式获取用户需求，需要注意的是调查问卷的设计不要过于复杂，在搜集了多份调查问卷之后将用户的回答汇总，从中筛选出用户真正的需求。

以上4种获取与分析用户需求的方法，需要运营人员根据实际情况灵活选择应用。

5.2 用户新增

运营人员想要实现用户数量的增长，一定要拓展用户增长的渠道。目前常见的增长渠道主要有图文渠道、短视频渠道和直播渠道。

5.2.1 图文渠道的用户增长

对于图文类渠道，可以通过投稿、自营账号、投放广告等方式实现用户增长。

1. 投稿

这种方式可以理解为原本只在自己小圈子里传播的内容，突然间出现在了大V的圈子里。很多图文类的平台（如微信公众号），可以将内容投稿给该领域的大V账号，一旦被录用，内容的曝光率将瞬间放大，这种方式比较适用于经费不足的个人、小团队或专业性内容相对较强的领域。

需要注意的是，账号的"粉丝"数并不是衡量是否投稿的关键，与自身产品属性相匹配的账号才是投稿的关键。只有账号匹配度高，投稿被录用的概率及收获到的"粉丝"才会更多、价值更高。

运营人员需要不断优化投稿渠道，多找几个平台、多找几个账号进行测试，并分析其转化率，从而找到最合适投稿的平台与"号主"（指账号持有者）。

2. 自营账号，用于多渠道分发、内容引导

可以根据产品、品牌、行业属性在各平台创建同名账号，长期输送有价值、有领域或专业垂直度的内容，以积累用户与塑造口碑。同时在文章中"内嵌"一个用户无法拒绝的"诱惑"，引导用户主动添加，如图5-7所示。建议在多平台同时运营，并记录各个平台的"涨粉"数据，分析"涨粉"效果，从中选出匹配度高的平台进行重点运营。

图5-7

3. 投放广告

相比于投稿与自营账号，投放广告耗时短、见效快。在投放广告时，有两种方式可以选择，一种是信息流广告投放，例如资讯媒体内容流中的广告，如图5-8所示；另一种是投放广告到资深、垂直类账号。前者利用的是平台的流量，后者利用的是所投放账号的"粉丝"流量。在做广告投放时，需要确定好投放的时间、地域、内容、用户群体；在选择账号投放时要优先选择匹配度、"粉丝"需求度、"粉丝"数量均较高的账号。

图5-8

5.2.2 短视频渠道的用户增长

各大短视频平台均有大规模的免费流量，这是做用户增长时最不能放过的增长渠道。

（1）自营账号基本信息。

短视频具备传播速度快、覆盖面广、成本低的优势，是拓展用户来源的重要渠道之一。

①个人资料引流。

以抖音为例，可以在个人介绍处留下运营人员的微信号，如图5-9所示。只要用户翻看账号主页就可以看到联系方式，感兴趣的用户就会主动添加微信。

图5-9

为确保引流更安全、更高效，在利用个人资料引流时需要注意3点，如图5-10所示。

- 不能直接出现"微信"二字，可利用交流、咨询、V或者VX等代替
- 只有优质内容才会吸引用户点击查看主页，因此视频内容仍是吸引用户最重要的途径
- 不要频繁地修改资料，如果第一次提交审核未通过，两天后再重试

图5-10

② 评论区+私信引流。

利用视频下方评论区，置顶引流评论，通过私聊将用户引导到微信上，这是服装、美妆、珠宝等领域比较常用的用户增长方式，如图5-11所示。

图5-11

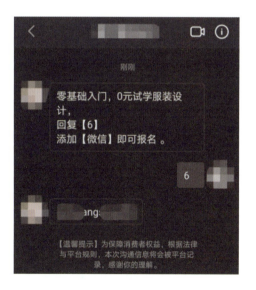

③ 背景图引流。

短视频的背景图与微信背景图有异曲同工之妙，用户打开账号主页，就可以看到上方的背景图，在背景图上可以添加有关引导用户关注的文字并可添加联系方式，如图5-12所示。

图5-12

（2）其他渠道。

除了从自营账号的基础信息引流外，还可以通过官方渠道、其他用户体验等方式来获得用户增长。

① 利用@、#引流。

以抖音为例，官方经常会发起各类挑战与活动，在发布视频时输入"#"并选择适合的话题，视频就会呈现在这一话题中，从而吸引对这个话题感兴趣的用户。品牌方还可以发起话题挑战，如"支付宝全球锦鲤"就快速获得了巨大的流量曝光，引导了更多用户跟随。利用"@"键可以与各位网红（网络红人）、KOL等联合发布视频，实现用户共享，促进彼此用户体量的增长，如图5-13所示。

② 巧借用户输出。

可以将产品的样品免费寄送给与产品相匹配的头部及中腰部的账号主（账号持有者），换来使用体验及试用视频，在征得对方同意后，可以将视频转发到短视频平台或其他平台上。每天发送十几或几十个素材，长期积累，就会营造出"产品很火、很受欢迎"的现象，用户也会随之而来。

③ 广告投放。

图5-13

以抖音为例，经常会有品牌、产品投放的信息流广告，这类视频在其下方都会带有"广告"字样作为标识，同时左下角会有"查看详情"的链接，如图5-14所示。用户点击进去后可填写相关信息，了解产品详情。

图5-14

5.2.3 直播渠道的新用户增长

随着短视频直播电商的流行,越来越多的用户习惯于在直播间进行消费(打赏、购物),相较于短视频用户,直播间用户的黏性更高、对账号的信任度更强,因此直播间其实是非常不错的用户增长渠道。

1. 直接引导

在布置直播间时,可以设置一块区域,用来放置引导话术,引导用户关注,如图5-15所示。

2. 直播打赏

直播打赏适用于大电商,可通过在直播间给主播打赏大额礼物来吸引直播间用户。一般打赏到前3名,主播会主动为其拉票,呼吁直播间用户点"关注",从而达到"涨粉"的目的。

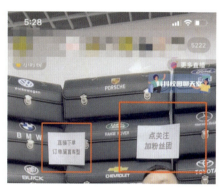

图5-15

在选择直播打赏"涨粉"时,需根据产品属性,选择适合的主播,并且主播在直播间的人气越高,"涨粉"数量越多、后续添加到微信中的精准用户数就会越多。

5.3 用户留存

随着互联网人口红利逐渐衰退,公域流量获取用户的成本在不断增加,市场已经由原来的"增量竞争"逐渐转变为"存量竞争",各大品牌、企业纷纷重视用户留存,因为新用户的留存可以节省获客成本。

用户从看到产品到开始使用产品的转变可以称为有效留存。以短视频为例,用户看到视频,对视频进行了观看、点赞、评论、转发、关注等行为,就是有效留存。

5.3.1 用户留存渠道

用户留存的渠道一般分为两类,一类为公域留存,另一类为私域留存。

1. 公域留存

公域留存是指将用户沉淀在开放性平台上,对应的是公域流量,运营人员只能通过付费或在满足平台规则的情况下获取流量,如淘宝、拼多多的平台流量。

相较于微信等平台的私域留存,抖音、头条、知乎等平台的公域留存,虽然流量基数庞大,但用户黏性、忠诚度相对较差。用户在关注一个账号的同时也关注了其他多个同类型的账号,而且还会随时"取关"(取消关注),并且用户的使用频率并不固定,营销信息无法更精准地触达用户,因此更建议运营人员将用户留存、沉淀在私域渠道中。

2. 私域留存

私域留存是指将用户沉淀在封闭式平台上,对应的是私域流量。

私域留存最大的好处在于运营人员可以自主运营沉淀在平台里的用户,并且能够反复利用、直接触达、无须再度付费,从而实现了用户价值的最大化开发。

最好的私域留存渠道是微信平台,因为微信平台具有基数相当大的活跃用户且有较为完善的功能,运营人员可以通过企业微信号、微信个人号、微信社群3个渠道解决用户留存问题。

(1)企业微信号。

企业微信是针对企业开设的沟通平台,具备3个优势,如图5-16所示。

证明企业身份
凡是注册企业微信号就必须进行公司验证,个人在使用微信时,昵称后面也会带有公司名称。企业微信的出现在很大程度上解决了客户的信任问题

避免员工离职造成客户流失
员工离职是每个企业都会面临的问题,当客户沉淀在员工微信上时不可避免地会因为员工离职而流失。但是如果客户是沉淀在企业微信当中,可以使用"分配离职成员客户"的功能,将客户顺延给下一位接手的员工

可增加大量好友
微信个人号的好友数量的上限是5000个,企业微信目前发布的公告中并没有规定好友数量上限。因此合规经营的企业无须担心沉淀过多客户会被封号

图5-16

（2）微信个人号。

微信个人号是沉淀"铁杆粉丝"的重要载体，"一千个铁杆粉丝理论"讲的就是如果一个人或某个品牌拥有1000个无论出什么产品都愿意付费的铁杆用户，那么就能在市场上存活下去。一个微信个人号可以承载5000位用户。微信个人号有两大优势，如图5-17所示。

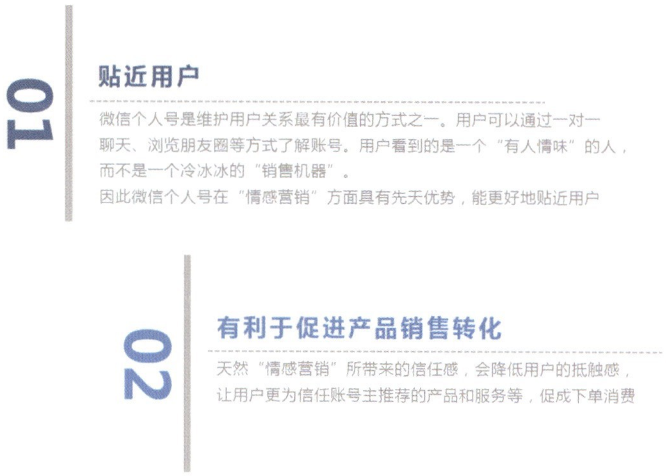

01 贴近用户
微信个人号是维护用户关系最有价值的方式之一。用户可以通过一对一聊天、浏览朋友圈等方式了解账号。用户看到的是一个"有人情味"的人，而不是一个冷冰冰的"销售机器"。
因此微信个人号在"情感营销"方面具有先天优势，能更好地贴近用户

02 有利于促进产品销售转化
天然"情感营销"所带来的信任感，会降低用户的抵触感，让用户更为信任账号主推荐的产品和服务等，促成下单消费

图5-17

（3）微信社群。

微信社群是微信里面可以同时容纳多人聊天的群组。微信社群具备两大好处，如图5-18所示。

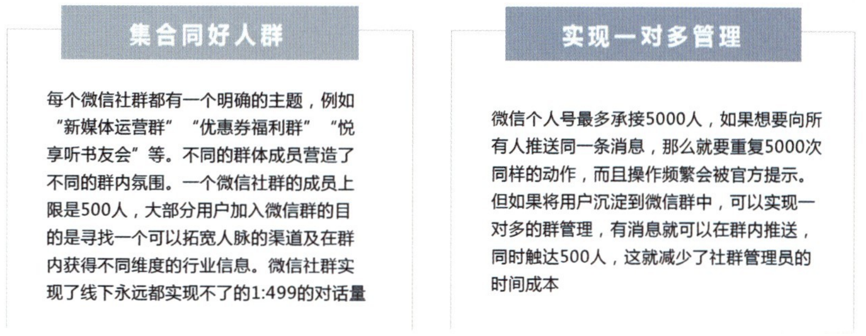

集合同好人群
每个微信社群都有一个明确的主题，例如"新媒体运营群""优惠券福利群""悦享听书友会"等。不同的群体成员营造了不同的群内氛围。一个微信社群的成员上限是500人，大部分用户加入微信群的目的是寻找一个可以拓宽人脉的渠道及在群内获得不同维度的行业信息。微信社群实现了线下永远都实现不了的1:499的对话量

实现一对多管理
微信个人号最多承接5000人，如果想要向所有人推送同一条消息，那么就要重复5000次同样的动作，而且操作频繁会被官方提示。但如果将用户沉淀到微信群中，可以实现一对多的群管理，有消息就可以在群内推送，同时触达500人，这就减少了社群管理员的时间成本

图5-18

将用户留存在社群中，最重要的是让用户体验到仪式感和归属感，使他们觉得找到了组织并且能够积极参与活动，为了减轻管理压力与成本，促进用户的高效转化，运营人员可以利用以下4种技巧，如图5-19所示。

把自己当成社群中的一员	不要让客户等你	发掘活跃用户	重视用户的反馈
当用户刚接触到这个产品并加入社群时，一定是对这个领域、这个产品最有热情的时候。无论其相关想法是否成熟，至少热情是高涨的。这个时候，也是能打动其内心的最好时候，运营人员应走出运营者的角色，把自己当成社群中的一员，站在用户的角度去考虑问题	如果是主动加入进群（例如用户扫码但需要运营人员验证才能入群），就一定要选择好使用户进群的时间点并提前编辑好欢迎话术，不要冷落了用户。用户进群必定是有所需求的，因此建群之前，运营人员要提前做好内容输出和信息分享，让用户进群的那一刻就能有所收获，尽力满足并适当使用一些留住用户的策略，而不是要用户继续等下去	社群中发言较活跃，输出内容数量和质量都较高的用户，一定是产品的忠实用户或是热情的用户，这部分用户是社群活跃的关键。一定要重视并注意培养，适当给予这部分用户一些奖励，让忠实用户成为公司的"远程员工"	社群中的成员一般都是产品的真实用户或潜在用户，他们的建议和反馈至关重要。多听听用户的需求，及时向相关部门反馈，出现频次较高的需求，也许就是产品下一步的更新方向。在收集用户需求时，无论最终是否被采纳，也一定要一个时间对用户作出反馈，使用户感觉到其很受重视

图5-19

5.3.2 用户留存手段

想要提高用户留存率，可以从以下5个方面开展运营工作。

1. 精细化的用户运营

精细化用户运营的核心在于细化用户来源，针对不同渠道的用户做差异化运营，不断筛选出更好的用户渠道来源，获取更优质的流量。在5.2节中已简单阐述了用户的来源途径，一般来说用户来源有两大类，一是投放渠道，二是拉新活动，针对这两类用户采取的留存策略是有所区别的。相比于用拉新活动而来的用户，给由投放渠道获取的用户更为精准，他们的目的性更强，需要重点运营与维护。而由拉新而来的用户则没那么精准，他们目的性不强，运营人员需进行引导，建立筛选机制，寻找到意向用户后进行精细化运营。

2. 优化产品购买流程

想要提升用户的留存率，就需要将获取到的用户进行更高效的转化，如果在产品购买的过程中，用户不得不多做一步操作，用户放弃购买行为的概率就会变大，则用户留存率就会下降。例如，一种产品购买流程是用户扫码即可直接领取优惠券并进行支付，另一种则是用户扫码之后要添加微信公众号，回复关键词领取优惠券之后再进行支付，显然后者会令使用户的留存率降低，因为用户操作步骤较多，可能他们在进行到某一步时就失去了兴趣，从而造成用户流失。因此要优化产品购买流程，排除一切烦琐的操作，提升转化率。

3. 设置活动激励

有吸引力的活动，不仅有利于用户留存，也便于后期用户的转化。如新人红包、优惠券、免费领赠品、免费试用、限量低价等活动，这些活动能使用户获益，可以很好地吸引用户持续留存。

4. 提供优质服务

只有给用户提供优质服务，才能提高用户的满意度，用户才会有持续的消费意愿。因此需要将最优的服务、最优的内容、最好的产品卖点呈现给用户。需要区分的是运营人员虽然要像客服一样帮助用户解决问题，使用户满意，但并不等同于客服，更多的是要挖掘用户深层次的需求，提高用户对产品的满意度，并且从用户生命周期管理的角度出发，提升用户的价值。

5. 提高用户参与度

用户的参与度越高，留存率就会越高。

（1）提高用户的使用频次。

如果一件产品的使用频次为十年一次，那么这件产品大概率会走向衰退；如果一件产品的使用频次为一天一次，用户就会养成使用习惯，逐渐把产品变成生活中的一部分。很多知识类的训练营通常是每天一节课，并监督学员听课打卡，这就是提高用户使用频次的典型做法。

（2）增加用户使用场景。

一件产品能够满足用户在多个场景下使用，与用户的接触点越多，用户留存率就越高，产品也就更容易"火爆"。如抖音App，满足了用户随时随地观看视频及很好地利用碎片化时间等需求，因此抖音拥有大量的用户群体，日活用户为亿级。

（3）培养用户使用习惯。

产品的功能越多，用户的使用时长越长，则用户对产品的依赖性就越强，用户黏性就越高，留存率也就越高。如果，用户每天都在社群中发言、打卡、接龙，那么该用户在这个社群内存留的时间就会越长。21天习惯培养效应说的是一个人可以用21天的时间快速养成一个习惯，因此很多的知识类训练营通常也会选择21天为一个循环周期。

5.4 用户促活

只是把用户留存在平台上的作用并不是很大，只有让用户在平台上活跃起来，才能够为平台创造价值，给平台带来收益。而用户促活就是提高用户的活跃度，这是每一家企业都要做的重要运营工作，因为维护老用户所需的成本远远小于成交一个新用户。

用户促活的运营工作可以从内容促活与活动促活两方面展开。

5.4.1 内容促活

互联网时代是"内容为王"。平台内容只要能为用户提供价值，用户就愿意传播分享，因而在一定程度上就会提升用户的活跃度。内容促活分为两个方面——垂直内容和优质内容。

（1）垂直内容。

可以根据目标用户的标签属性进行垂直内容的创作和推送。例如美柚 App，针对孕期妈妈建立了不同的圈子（社群、QQ 群），在不同圈子里可获得不同的内容推送，如图 5-20 所示。

（2）优质内容。

只有产出更多优质原创内容，平台、圈子等的独特性才更强，用户才愿意不断地保持活跃度。因此，各大平台相继推出支持、保护优质原创内容的计划，如抖音的"原创者联盟计划"。

同时想要最大程度地促活用户，发布的内容至少要覆盖几十家媒体、四五家平台，因此，运营人员需要不断推出新的、优质的内容，并进行多渠道分发。

图5-20

5.4.2 活动促活

活动促活，则是通过一系列的活动唤醒用户，这是用户促活的另一种方式。

1. 签到打卡

大部分平台、圈子都会设置签到打卡领福利的活动。这虽然是一种老方法，但也是效果较为明显的方法。例如"网易云音乐"通过打卡签到获得"云贝"，获得的"云贝"可用于参与实体抽奖，如图 5-21 所示。

2. 物质激励

平台、圈子通过发放实体或虚拟礼品激励用户积极参与活动。例如"CROXX"品牌在新品发布前在微博上预热,只要点赞、评论、转发这条微博广告即有机会获赠新品,如图5-22所示。

图5-21

图5-22

3. 定制活动

根据产品属性,结合节假日、特殊节日等推出的既跟产品相关又能凸显节日主题的活动称为定制活动。

定制活动可分为日常活动与非日常活动两种。

日常活动不一定每天都要有,但需要定期举办,且每次间隔时间不长。如某餐饮品牌将每周二设为会员日,在会员日这天多款商品会有五折优惠。

可根据不同的时间节点做定制活动。在平台、圈子中生产优质内容的同时也能够形成特色模式,让用户形成习惯,到了每年这个时候用户都会活跃度大增。例如"奇迹暖暖"作为一个二次元的换装类游戏平台,在每年暑期都会推出"暑期惊喜套装",并提前在微信公众号发布文章预热,激起用户的期待感,如图5-23所示。

4. 消息促活

消息包含短信、私聊、邮件等。很多平台和商家会定时推送各类消息到用户的手机上，一般都会附带平台或商品的链接，用户回复或点击链接即完成用户促活的动作。

5.5 用户转化

用户留存、用户促活的重要目的在于促进用户转化。

5.5.1 平台直接转化

图5-23

大多数自媒体平台都与电商平台、广告主（有投放需求的品牌、企业、个人等）有合作，这有利于运营人员缩短用户转化的路径。

1. 图文类平台

以头条号为例，除该平台的补贴收益、广告收益外，运营人员还可以开通商品功能，直接在内容中嵌入淘宝链接，以引导消费、获取淘宝电商的收益，如图5-24所示。

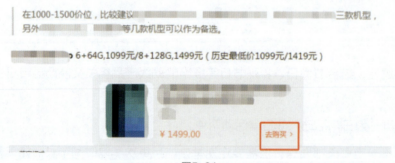

图5-24

2. 短视频类平台

电商变现在短视频类平台上最为常见，以抖音为例，运营人员可以通过抖音小店、外部电商平台（如淘宝、京东等）将商品链接加到个人账号的商品橱窗中，之后将商品链接添加到即将发布的视频作品中。当用户看到视频，如果对视频中的商品感兴趣，可以通过账号左下角的

"视频同款"链接进行购买,从而实现对用户的直接转化,如图5-25所示。

短视频平台的流量基数大,年轻用户群体居多,深受各大品牌主的喜爱,因此广告收益是账号的重要收益来源,如某品牌的新品推出时,联合了十几位明星、网红、头部KOL,以及100多位中腰部KOC(关键意见消费者)共同行动发布相关视频。

3. 直播类平台

直播类平台最常见的用户转化就是直播打赏。直播打赏就是用户通过充值购买平台中的虚拟礼物,再将这些礼物在直播间打赏给自己喜欢的主播的一种行为。

图5-25

随着市场的变化,仅向主播打赏的行为已逐渐势衰,直播电商已成为当下直播间的一种常见的变现手段。以抖音为例,很多头部的明星、网红、达人大多选择了直播间带货:通过直播的方式,介绍自家或其他品牌的产品,引导直播间用户购买。

5.5.2 私域转化

对于公域转化,往往在一次转化后,用户就不知道流失到哪里了,下回是否还能够被转化是个问题,而私域转化很好地解决了这个问题。在私域环境里,运营人员可以多次免费地触达用户,大大减少了获客与宣传成本。

1. 微信个人号转化

微信个人号转化最为直接,常见形式就是在与用户沟通的过程当中建立信任,使用户对产品感兴趣并直接产生交易行为。相比于冰冷的机器,用户会更加信任接触次数多且有一定了解的人和物,因此微信个人号的转化率是比较高的。

2. 朋友圈转化

朋友圈转化的形式有两种,一种是看到产品后直接购买;另一种是看到产品后感兴趣,咨询后购买,如图5-26所示。

> 1　未与用户沟通，用户看到朋友圈内容直接扫码或点击链接购买
>
> 2　用户通过朋友圈中的文案和产品图对产品产生兴趣，进而在私聊中成交

图5-26

3. 社群转化

社群转化就是社群运营人员直接在群内分享商品链接或二维码等购买链接，引导群内成员下单购买。在社群内用户会产生从众心理，出现集体抢购某件商品的行为。因此，如果能把社群转化用好，其转化率会比私聊、朋友圈的转化率高很多。

5.6　用户传播与裂变

用户传播指的是用户自发地在自己的社交渠道宣传、推广相应的内容、产品、活动；用户裂变指的是用户通过一系列的手段（朋友圈文案、私聊推荐等）将内容、产品、活动推荐给好友，引导好友参与活动或购买产品的行为。因此，用户传播与裂变可以节省获客成本，拓展获客渠道。本节主要讲解平台内传播与私域裂变。

5.6.1　平台内传播

下面以抖音为例来讲解平台内传播。在视频内容中，运营人员可以嵌入诸如"快转发给你的朋友看""看完后你就知道发给谁了"等话术，引导用户下载、分享给好友，扩大传播渠道。同理，直播间内可以设置"分享直播间，邀请好友一起玩游戏""分享直播间，邀请好友一起领福利"等话术，引导用户将直播间链接分享给好友，从而将用户的好友变成账号的"粉丝"。

5.6.2　私域裂变

利用私域流量进行裂变，其基于天然的社交属性与信任基础会为运营人员增添更多的精准流量。

微信平台每天的日活超过10亿，基于微信生态下的私域裂变不但信任基础高、流量大，并

且效果好、转化率高，因此接下来重点以微信生态下的私域裂变为例剖析私域裂变的流程。

微信生态下的裂变一般分为3种，但无论是哪种裂变首先需要运营人员准备一张裂变海报以及裂变用户的载体（微信个人号、微信群、微信公众号）。

1. 微信公众号裂变

微信公众号裂变的简易流程可分为4个步骤，具体如图5-27所示。

图5-27

2. 微信个人号裂变

微信个人号裂变路径是所有转化路径当中最简短的，可分为3个步骤，具体如图5-28所示。

图5-28

3. 微信群裂变

微信群裂变的方式与微信个人号裂变相同，只不过最后的沉淀方式不一样。微信个人号的最终沉淀在好友列表，而微信群裂变沉淀在微信群中，也就是用户扫码付款后弹出来的二维码就是微信群二维码。

新用户进微信群后，会自动触发群内"机器人"，以引导新用户进行二次裂变，如图5-29所示。

5.7 用户分层与激励

通过用户在产品使用上所处的状态，对用户进行群组划分，从而为不同等级用户提供不同的资源倾斜，实现高效管理，这种方式称为用户分层。这就好比将微信好友划分到不同的好友列表里，并打上不同的标签。

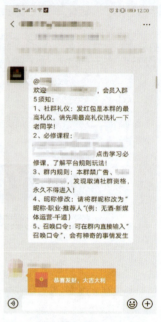

图5-29

5.7.1 用户分层管理

对用户进行分层管理最大的好处就是能够把投入在用户运营上的人力、物力、财力实现最高效的利用。一般可以把用户分为5个层级，如表5-1所示。

表 5-1

用户分层	含义	用户特征	运营措施
新激活用户	新激活用户指的是刚接触产品的用户。这里的产品包含但不限于商品、App、视频内容等多种形态	只是了解，几乎不会使用	引导、福利、鼓励尝试
普通用户	普通用户指的是使用产品已有一段时间，但活跃度比较低的用户。如买过一次商品很久没消费了，看过一次视频关注了账号但很久没看了，注册了App但很久没有登录了	偶尔使用，有认同感，无归属感，偶尔消费	促活、促销、加速成长
活跃用户	活跃用户指的是那些经常使用产品但价值不是很大的用户。如每天观看直播但不购物、不打赏的用户，每天在社群内问问题但不购买的用户，电商平台的普通会员等	经常使用，有认同感，无归属感，经常消费	试用、促销、向付费用户转化

续表

用户分层	含义	用户特征	运营措施
付费用户	付费用户指的是在产品上不断产生消费行为的用户,如淘宝的"88会员"	经常使用、有认同感、有归属感,经常消费	交叉销售[1]、向上销售[2]、挖掘潜在价值
"粉丝"	"粉丝"指的是产品忠实支持者,也是享有权益最多的用户群体	深度使用、有认同感、有归属感、多次消费;能为产品带来资源,如内容、订单、创意、产品建议、bug反馈等;会自发地替产品做宣传	维护、防流失、制造退出成本

注:1. 交叉销售指发掘用户多种需求,并通过满足用户多种需求而销售多种相关的服务或产品。
　　2. 向上销售指根据用户以往的消费喜好,提供更高价值的服务或产品,使用户进行更多、更高的消费。

5.7.2 用户激励

建立用户激励体系,一方面可以促活用户,提高用户价值;另一方面可以提升用户留存率,提高转化率。

1. 用户激励的3个层面

用户激励手段可以从3个层面入手,如图5-30所示。

精神激励

内在的无形激励,主要指成就感、卓越的声誉等,如QQ等级、微博勋章等

情感激励

从人性诱因角度,如尊重、好奇、归属感等;
从社交体系来看,有单向互动(如点赞、收藏、关注等)、双向互动方式(如小组、评论、分享、竞争、团队等)
这方面银行和保险公司做得很好,如每到用户生日那天,他们都会发条短信给用户生日祝福

利益激励

优惠券、票券类工具,这些工具有多个种类,如满返红包、组合票券、代金券等,还有平台虚拟币、虚拟奖品等

图5-30

2. 用户激励常见的6个体系

目前应用较多的用户激励体系有6种，具体如图5-31所示。

积分体系

使用积分奖励用户完成必要动作，最终用户可以用积分兑换具有一定价值的物品。
建立积分商城时要注意：
1. 积分对用户而言是要有实质价值的，并且价值是稳定可见的，如用户消费给积分、邀请朋友购买则积分翻倍，并且积分可以兑换商品等。
2. 不同难度的用户行为需要设置不同的积分，如每一等级用户给予不同的利益，并通过引导进展获得更大的利益。积分激励方面做得好的有QQ积分——累积几颗星星就可以换一个太阳

成长体系

成长体系会记录和展现用户使用产品的频次和深度，用户留存时间越长，交互行为越多，用户的等级就会越高。
成长体系通常依靠积分体系或底层分数逻辑来做逐层升级，比如说100积分以内是级别一，101~200积分是级别二，而不同等级就对应不同的用户权益

荣誉、勋章体系

用户完成一定行为或使用某些功能达到一定频次，即可获得对应勋章，使用户获得荣誉感。
荣誉、勋章体系通常与成长体系搭配使用，也可以独立使用

财富体系

使用平台虚拟币刺激用户产生特定行为的体系，财富体系很容易和积分体系混淆，因为积分通常也能当作虚拟货币使用，如用于兑换积分商城商品。
但财富体系与积分体系的一大区别是财富体系的财富"可充值""可消费"，甚至是"可提现"

社交体系

通过一系列社交手段（关注、评论、共同好友等）促进用户转向产品并完成相应行为，最常见的就是转发功能。当一个用户看到好玩有趣的产品时，通过转发这一功能就可以将产品分享给好友，邀请好友共同体验，通过这种用户互动行为，维护和激励用户的某些行为

储值体系

储值后可以以更低的价格购买服务或产品，如享受特殊折扣，或者现在储值还送××（如送免费的课程）。另外，用户储值或消费一定金额后，会成为VIP，拥有专属二维码，朋友扫他的码购买可获得优惠或赠品。同时，他还可以按朋友消费金额一定比例进行抽成。
为储值用户定制产品、使之成为产品代言人，并每年送小礼品

图5-31

5.8 同步强化模拟题

一、单选题

1. 以下关于私域裂变说法不正确的是（　　）。

   A. 基于天然的社交属性与信任基础会为运营人员增添更多精准流量

   B. 微信生态下的私域裂变信任基础高、流量大、效果好、转化率高

   C. 用户扫码活动海报后，无法即刻弹出用户专属的带有二维码的海报，必须通过二维码制作工具进行制作

   D. 微信生态裂变首先需要运营人员准备一张裂变海报及裂变用户的承载体

2. 用户定位可以帮助运营人员快速找到精准的用户群体，因此用户定位的首要工作是（　　）。

   A. 贴标签　　　B. 建立画像　　　C. 调研分析　　　D. 数据分析

3. 运营人员进行用户运营的主要目的是（　　）。

   A. 不断完善产品，满足用户需求

   B. 在用户身上达到运营的最高价值

   C. 实现用户裂变

   D. 增强用户黏性

4. 下图属于何种引流方式？（　　）

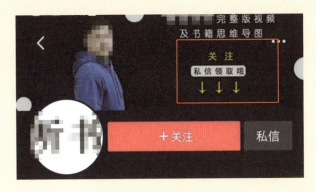

   A. 背景图引流　　　　　　　　B. 评论区+私信引流

   C. 个人资料引流　　　　　　　D. 利用@、#引流

5. 微信社群中微信个人号最多承接（　　）人，微信群内成员人数上限（　　）人，可以实现一对多的管理，减少了管理人员的时间成本。

A. 5000、500　　　B. 1000、200　　　C. 5000、100　　　D. 3000、500

二、多选题

1. 常见的用户增长渠道包括（　　）。

A. 图文渠道　　　B. 短视频渠道　　　C. 直播渠道　　　D. 明星、网红、KOL 渠道

2. 如何提高用户的参与度？（　　）

A. 增加用户使用产品时长　　　　　　B. 提高用户使用产品频次

C. 增加用户使用产品场景　　　　　　D. 培养用户使用产品习惯

3. 下列关于用户促活的描述正确的是（　　）。

A. 用户促活就是促进用户的活跃度

B. 促活是每一家企业都要做的重要运营工作

C. 为平台创造价值，带来收益

D. 维护老用户所需成本小于成交一个新用户

三、判断题

1. 通过社群内分享商品链接、二维码等购买链接，引导群内成员下单购买，属于私域转化的一种。（　　）

2. 用户留存渠道中，运营人员都能对公域留存和私域留存的用户反复利用，无须再度付费，实现了用户价值的最大化开发。（　　）

3. 运营人员可以通过图文类、短视频类、直播类平台直接实现用户转化，获取收益。（　　）

5.9 作业

1. 分析健身行业的用户数据，建立简易用户画像。
2. 利用搜索法至少找出 3 个用户关于健身需求的关键词。
3. 根据"拒绝暴饮暴食 科学健身"这一主题设计一套用户裂变流程。
4. 针对办理健身卡的普通会员设计一套激励体系，促使其升级转化。

第 6 章

如何运营一场活动

从新品牌上市到超市促销,都离不开活动的支撑。本章将从项目策划、物料筹备、推广引流、项目实施、活动后期传播、总结复盘6个方面介绍活动运营的流程与方法。

6.1 项目策划

任何项目开始前都要有一个明确的项目主题、详细的方案、合理的人员分工,以确保所有工作能够围绕项目主题、按照流程有条不紊地进行。

6.1.1 确定主题

活动的主题与文章的标题一样,代表着活动的核心思想。

1. 确定主题的目的

一个好的活动主题可以起到吸引用户眼球、提高用户参与度、实现用户与销量双增长的作用。确定主题有两大核心目的,如图6-1所示。

图6-1

2. 确定主题的方式

在确定一项活动是否要发起或是确定某件产品是否要进入研发阶段时,需要进行用户调研。通过用户调研可以更好地了解用户需求,设定出更适合产品及用户需求的活动主题。

做用户调研,主要有两种方式,如图6-2所示。

3. 确定主题的类型

活动主题的类型奠定了活动基调及活动后续的内容。

活动主题的类型一般分为两种,如图6-3所示。

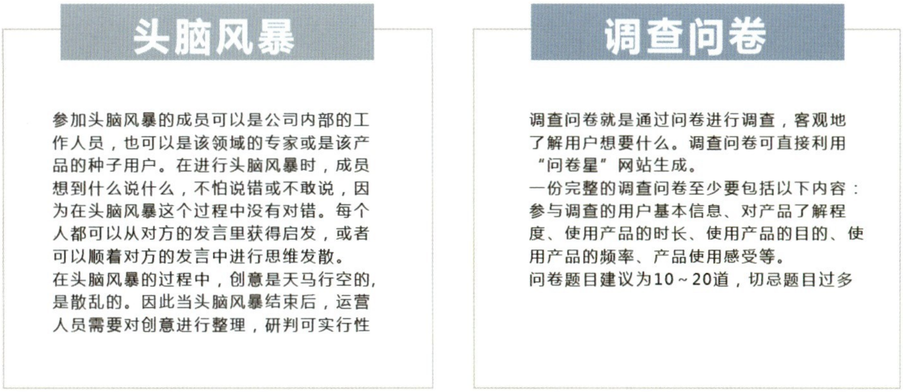

头脑风暴

参加头脑风暴的成员可以是公司内部的工作人员，也可以是该领域的专家或是该产品的种子用户。在进行头脑风暴时，成员想到什么说什么，不怕说错或不敢说，因为在头脑风暴这个过程中没有对错。每个人都可以从对方的发言里获得启发，或者可以顺着对方的发言中进行思维发散。
在头脑风暴的过程中，创意是天马行空的，是散乱的。因此当头脑风暴结束后，运营人员需要对创意进行整理，研判可实行性

调查问卷

调查问卷就是通过问卷进行调查，客观地了解用户想要什么。调查问卷可直接利用"问卷星"网站生成。
一份完整的调查问卷至少要包括以下内容：参与调查的用户基本信息、对产品了解程度、使用产品的时长、使用产品的目的、使用产品的频率、产品使用感受等。
问卷题目建议为10～20道，切忌题目过多

图6-2

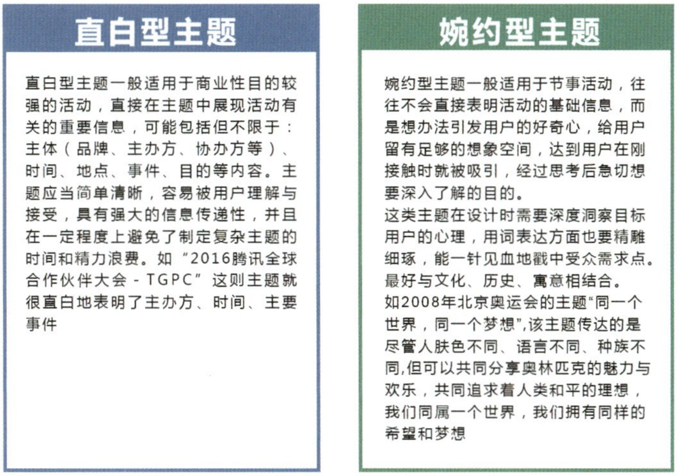

直白型主题

直白型主题一般适用于商业性目的较强的活动，直接在主题中展现活动有关的重要信息，可能包括但不限于：主体（品牌、主办方、协办方等）、时间、地点、事件、目的等内容。主题应当简单清晰，容易被用户理解与接受，具有强大的信息传递性，并且在一定程度上避免了制定复杂主题的时间和精力浪费。如"2016腾讯全球合作伙伴大会－TGPC"这则主题就很直白地表明了主办方、时间、主要事件

婉约型主题

婉约型主题一般适用于节事活动，往往不会直接表明活动的基础信息，而是想办法引发用户的好奇心，给用户留有足够的想象空间，达到用户在刚接触时就被吸引，经过思考后急切想要深入了解的目的。
这类主题在设计时需要深度洞察目标用户的心理，用词表达方面也要精雕细琢，能一针见血地戳中受众需求点。最好与文化、历史、寓意相结合。如2008年北京奥运会的主题"同一个世界，同一个梦想"，该主题传达的是尽管人肤色不同、语言不同、种族不同，但可以共同分享奥林匹克的魅力与欢乐，共同追求着人类和平的理想，我们同属一个世界，我们拥有同样的希望和梦想

图6-3

相比婉约型主题，直白型主题的设计更简单，更易操作，建议运营新人先从直白型主题做起。直白型主题分为四大类型，不同的类型有不同的特点，需要根据产品、品牌信息选择合适的类型，如表6-1所示。

表6-1

主题看点	含义	特点
特殊时间节点	利用节日举办相应的活动是大多数品牌、企业常用的活动方式之一，如中秋节、端午节、品牌周年纪念日、行业年会等	利用特殊节日的情感加持，这类活动容易给用户留下较深的印象，品牌周年纪念日、行业年会等具有周期规律性的活动更有利于培养用户的黏性与忠诚度

续表

主题看点	含义	特点
新品发布企业新动态	当企业有新产品上市,或者战略方面有大调整、有新动态时,利用活动的方式将新品或新动态推送给目标用户,可以达到更好的品宣效果,如新品发布会、新闻发布会等	这类活动最大的好处是不受时间点、季节的影响,但需要运营人员深入了解产品及企业的理念,抓住目标用户的兴趣,从而进行有目的的引导、有规划的组织用户参与活动
热门事件	每个行业其实都可以找到合适的热点(社会热点、科技热点、行业热点、娱乐热点等),将活动与热点结合起来"造势",扩大活动的知名度,如借由环保开展的"垃圾分类"活动	蹭热点事件的活动发布一定要快,并且要有独特的视角,但一定注意不能出现政治导向问题和道德问题,这是运营人员的应有的政治担当和社会担当
联合举办	多个具有影响力的品牌、企业、名人等联合在一起举办活动,充分利用每一方的影响力、知名度,扩大活动规模,进一步提升活动的权威性,如某行业峰会	参与人员较多,需协调好各方关系

6.1.2 方案撰写

方案撰写主要包括了产品策划方案、产品活动方案、活动推广方案3部分。

1. 产品策划方案

一份优秀的产品策划方案能够把产品卖点提升到极致,利用"文字+图片"的形式将产品完美地展现给用户,使用户无法拒绝。一份新品策划方案的格式与示例如表6-2所示。

表6-2

框架结构	具体思路
市场背景分析	(1)产品市场总体趋势分析。 (2)消费者分析。 (3)竞争及类似产品市场占比分析。 (4)得出结论
企业现有产品SWOT分析	(1)S(strengths):现有优势。 (2)W(weaknesses):目前的不足之处。 (3)O(opportunities):要把握住的机会。 (4)T(threats):面临的障碍或困难

续表

框架结构	具体思路
产品描述及核心利益点	（1）产品详细信息描述。 （2）产品各要素相对竞品的优势。 （3）新品相对于竞品的诸多优势中有什么特别优势。 （4）得出结论
产品促销活动	具体时间、地点、方式等细节落实
产品宣传活动	（1）企业投入的广告具体播放时间。 （2）宣传频率。 （3）宣传力度。 （4）投放方式及渠道
其他	新品销量预估、营销费用预算、产品损益评估等

2. 产品活动方案

撰写活动策划方案可以确保活动可以按照计划好的流程顺利进行。活动设计方案指的是为某一场活动制订的具体到每个步骤的书面计划。一份简易活动设计的格式与示例如表6-3所示。

表6-3

框架结构	说明
活动主题	活动主题是一场活动的高度概括，所有活动项目都是以主题为核心展开。简单来说，活动主题就是要用一句话让用户知道活动是什么
活动意义	为什么要开展活动
活动目的	想要达到怎样的效果
活动内容	对活动步骤及活动项目进行详细描述，具体到每项活动的时间节点，包括但不限于打卡签到、竞猜答题、红包优惠券、抽奖、拼团砍价、比赛排名、投票评选等
活动执行时间	标注起止时间及其中间关键的时间节点。 选择合适的时间节点会对活动效果产生明显的影响。如线下实体店大多选择在节假日、换季等时间节点做活动
活动范围	活动所针对的对象、区域
工作内容	提出工作要求、细分工作任务
人员配置	所有工作任务要具体细分给每一位团队成员
前期准备	做好活动前期的调查、宣传推广、活动设备安排等工作
物料清单	对所用的宣传材料、物品做好登记，提前准备好文案、海报、活动奖品等
效果分析	分析活动主题、目的、内容是否一致，方向与思路是否正确，确保活动可以顺利进行

3. 活动推广方案

撰写活动推广方案可以起到做好活动经费预算、优化推广渠道的作用。一份简单的活动推广方案如图6-4所示。

活动推广方案								
推广渠道								
推广工具								
推广起止时间								
推广目的								
推广目标								
预计费用								
推广效果预测								
推广流程详细安排表								
编号	推广日期	推广时段	推广区域	工作内容	预计费用	预估效果	负责人	备注
1								
2								
3								
4								
5								
6								
7								
8								
9								
10								
推广效果总结								
建议								

图6-4

6.1.3 人员分工

明确合理的小组分工,可以充分发挥组内成员每个人的优势,弥补个人的不足,提高工作效率,真正发挥出"1+1>2"的团队优势。在活动开始之前,可以对小组成员进行大致的分工,如表6-4所示。

表6-4

工作内容	工作职责
招商	主要负责整体招商方案的制订,招商活动的执行
市场	主要负责市场调研、营销策划和广告管理等工作
销售	主要负责产品的销售、行业一线信息及客户反馈意见的收集
物流	负责产品(配件)的采购、产品的配送
客服	主要负责客户关于产品(活动)的咨询,进行产品售前、售后服务工作

在活动进行中,团队负责人依然需要明确各环节的人员与时间安排,确保每项任务具体到每个团队成员身上,如表6-5所示,避免"工作无人认领"及"工作一肩挑"等情况出现。

表6-5

编号	部门	成员	联系方式	工作内容	开始时间	完成时间	备注
1							
2							
3							
4							
5							

6.2 物料筹备

一场成功的活动一定离不开前期的大力宣传、推广,而为了能够让更多的用户接触、了解本场活动,需要提前准备大量的物料。

6.2.1 活动宣传物料

活动宣传物料主要包括图片、文案、视频、音乐、链接5种。

1. 图片

图片一般分为宣传海报、活动或产品配图、文章配图3种类型。

（1）宣传海报。

一张宣传海报上至少要包含标题（主标题、副标题）、活动亮点（如活动主题大纲、产品卖点等）、活动时间、活动地点、活动（或产品）图片这5项要素，如图6-5所示。其他要素（如联合发起人、福利政策、二维码等）是否添加，可以根据具体的活动主题和活动情况酌情考虑。

制作宣传海报最快捷的方式是找专业设计师或公司的美工来设计制作。如果团队规模较小，为节省经费，也可以选择在一些图片制作网站上面找合适的海报模板自己制作，只要海报整体布局合理、美观大方即可。

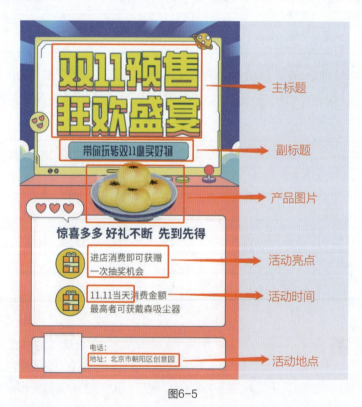

图6-5

（2）活动或产品配图。

如果活动的目的是为了推广某款产品，那么产品配图一定少不了。为了给用户一个良好的视觉美感体验，建议运营人员可找专门的摄影团队根据活动主题对产品进行拍摄，如图6-6所示。

图6-6

（3）文章配图。

这类图片一般用于公众号、头条号等平台的文章中，需要注意配图清晰、不侵权、与活动具有强相关性，如图6-7所示。

图6-7

2. 文案

这里所说的文案指的是推送给用户的宣传文案，主要包括活动主题、时间、地点、发起人、参与方式、福利等内容，其展现渠道为微信朋友圈、微信公众号、微博、直播间等，这些文案的撰写需要运营人员配合完成。

（1）短文案。

短文案指的是发布在朋友圈、微博上的这类短小精悍、直戳要点的文案，通过简短的几行"文字＋配图"或视频的方式简明扼要地向用户介绍活动信息、参与方式等，如图6-8所示。

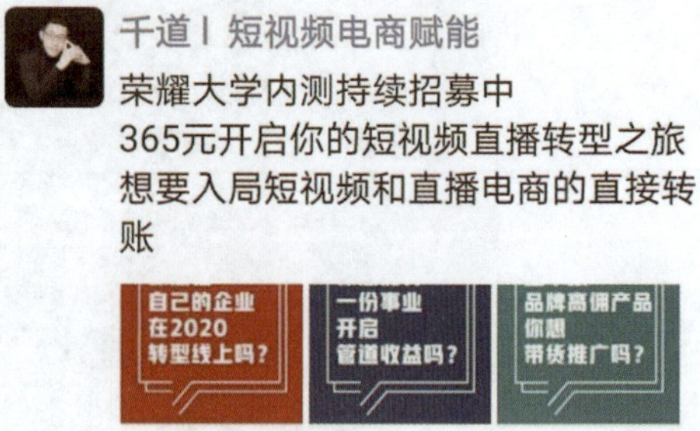

（2）长文案。

长文案指的是发布在微信公众号、头条号等平台上的长文章，通过一篇声情并茂的文章详细给用户介绍活动主题、目的、福利、参与方式等信息。但在信息泛滥的时代，用户对于硬广告的忍耐度越来越低，因此大多数活动会采用软文的宣传方式展现。用户以为是一篇文章，但其本质是广告。这一类的软文在知识付费、教育领域尤为常见，例如《令狐冲启示：顶级的资源，都是长眼睛的》这篇文章，文章前面大部分篇幅都在讲令狐冲怎样，中间突然一个反转将"猿辅导"的广告植入文章当中。

图6-8

（3）直播预告与直播话术。

直播预告文案需重点突出产品、福利、时间、地点、活动主题五大要素。

直播话术的主要目的是告知用户活动主题、参与方式，引导用户参与，实现最终转化，因此文案设计更偏向于营销方向。

例如，罗永浩的直播预告文案如图6-9所示，其中包含了直播时间、直播产品等信息，所有产品均享有特卖价。主题为特卖福利会，同时采用关注＋转发抽奖的方式引导用户积极参与转发，并邀请用户锁定晚上7点的直播间，以便实现最终转化。

图6-9

（4）文案写作技巧。

活动类文案的撰写相对简单，但也相当考验撰写人的文案功底，除了平时多看、多写、多学习、多模仿外，可以从以下3个角度出发，快速写出吸引眼球的文案，如图6-10所示。

图6-10

3. 视频、音乐

在进行活动预热、推广时，相比于图片、文字，视频的视觉冲击感更强；相比于微信朋友圈、微信公众号，则其流量更大，因此在活动运营中宣传视频往往不可或缺。

短视频内容具备"短、平、快"的特点，需要结合平台属性、产品调性、活动主题策划用户喜欢的短视频内容。

视频一般会搭配音乐同时使用，选取配乐时要确保其无版权风险，并且是积极健康，充满正能量的同时，要根据活动主题选择合适的音乐。例如，活动以"感恩"为主题，搭配的音乐一般为温情、舒缓的音乐。

4. 链接

常见的链接形式是H5，可用于微信邀请函、婚礼请柬、节日贺卡、活动宣传等。

可以把H5理解为一个简单的移动端网页，其制作方式也并不复杂，运营人员可以利用秀米、易企秀、iH5等网站制作H5。一个H5可以综合应用文字、图片、音频、视频等多种媒体表现形式，如图6-11所示。

H5链接最为常见的就是企业招聘类信息。图6-12所示就是一则企业招聘的H5链接，其中包含了声音、文字、图片，可以用微信扫码进行观看。

图6-11

图6-12

6.2.2 活动奖励物料

想让活动更吸引眼球，促使更多用户参与，除了常规宣传物料的准备，还需要设置具有足够吸引力的活动奖励物料。活动奖品的设置有以下3个原则，如图6-13所示。

适合用户需求

最适合用户群需求的奖品才是最好的奖品。

对于大多数主办方而言，活动经费是有限的，不要盲目追求高价钱的奖品，而是要了解活动参与对象的属性，挖掘受众的需求。

根据目标群体的特性设置合适的奖品，也能最大程度地调动受众的参与热情。

比如，线上线下学习分享活动，可以把奖品设为各种专业书籍；以年轻女性为主的活动，可以考虑化妆品、护肤品等奖品

真实、透明

用户对于从网络上获得的抽奖信息大多持不信任态度，很多活动都会被怀疑其真实性。

打消用户顾虑最好的方式就是设置公平的参与抽奖规则，方式要公开透明；如果在活动之前还做过别的活动，也可以让在上次活动中获奖的用户为本次活动做个佐证

概率合理

中奖概率太小的话，如一个比较大型的活动，就一个人中奖，那用户基本没动力去参与；但如果中奖的概率过大的话，就要考虑成本是否过高的问题了。不管怎样，需按照参与的总体人数和活动预算做出一个合理获奖概率。

特别提醒：做线下的活动，特别是需要一系列报名手续并且亲自到现场的，最好不要让参与者无获而归，突出"参与即有奖"，让用户有一种参与了"不会亏"的良好体验

图6-13

6.3 宣传、推广、引流

宣传物料准备好之后，需要做的就是通过各种渠道将这些宣传推广出去，获得大量曝光、吸引更多的用户参与活动。

6.3.1 微信平台

微信平台内部的推广方式，主要分为以下4种，如图6-14所示。

图6-14

可以根据活动经费选取适合的推广方式。一般来说可以先利用微信公众号软文，使用户对活动有初步的了解，其次利用朋友圈重点介绍活动卖点（福利、奖品、好处等），紧接着将用户引

导到微信社群内,对用户进行集中转化,最后利用个人微信号的信任基础对用户进行跟进,重点突破。

6.3.2 短视频+直播平台

想要做短视频+直播的推广,快手、抖音平台无疑是目前最好的选择。作为日活跃用户超过亿级的国民级平台来说,抖音、快手平台上蕴含着巨大的免费流量,其曝光量、展现效果要高于其他平台。

短视频的推广方式主要有6种,具体如下。

1. 硬广投放

硬广就是硬广告的简称,其表现形式为直接介绍产品或服务,短视频的硬广投放主要有开屏广告、信息流广告和Feed流广告3种。

(1)开屏广告。

抖音有开屏广告,用户打开抖音的瞬间就会推送开屏广告,如图6-15所示。

(2)信息流广告。

抖音的信息流广告是在抖音原有的流量机制中将广告以原生广告样式进行传播展示,与其他视频无缝接入,帮助投放的广告主实现营销推广的目的,如图6-16、图6-17所示。

图6-15

图6-16

图6-17

(3)Feed流广告。

抖音的Feed流广告是针对抖音带货账号直播间的、引入垂直流量的一种直播间的推广模式。投放Feed流广告后抖音直播间内的实时内容将在Feed信息流中作为广告创意内容直接展示，用户点击屏幕即可进入直播间，如图6-18所示。

2. 内容植入

内容植入就是在短视频内容中将与产品相关的信息展现出来，主要有节目冠名和口播植入两种展现形式。

（1）节目冠名。

在抖音中，节目冠名的广告以综艺节目居多。将综艺的精彩片段剪辑发布至抖音平台，吸引抖音用户观看该综艺节目，如图6-19所示。

（2）口播植入。

口播植入就是视频中的表演者通过口述的方式，将广告植入到视频内容中，如图6-20所示。

（3）品牌、活动、产品露出。

品牌、活动、产品露出指的是在视频中将这些要素展现出来，如图6-21所示，人物背后的背景为"造物节"，手中拿的KT板的"全屏新风尚"，都在无形中展现了品牌与活动的相关信息。

图6-18

图6-19

图6-20

图6-21

3. 内容定制

与内容植入不同，内容定制是视频创作者根据品牌方的要求，制作与品牌调性相符的视频内容，经过品牌方同意后，发布出去的视频，其要求更高，整条视频需围绕品牌方给出的要求结合账号定位做出优质的营销内容。

4. 网红活动

在抖音上有很多的话题、挑战赛，品牌方可以选择或者发起合适的话题或挑战赛邀请达人们参与，进而带动平台其他用户跟随，从而达到精准营销的目的，如图6-22所示。

5. 自有账号

大多品牌、企业都有代表官方的短视频企业账号，大都吸引了一批品牌"粉丝"。当有活动或新品上市时，可以通过自有的官方账号发布相关的视频内容，吸引账号"粉丝"，从而达到营销推广的目的，如图6-23所示。

图6-22　　　　　　图6-23

6. 跨平台整合

短视频的推广并不局限于一个平台之上，不仅可以通过广告、视频内容、直播进行推广引流，同时可以借助图文的渠道进行推广。

在短视频平台做推广时，如果活动经费充足，建议选择与明星，网红，以及头部、中腰部KOL合作，联合他们的力量一起做活动推广，如"天猫618""京东好物节"等活动，就在这些账号上做了大量的投放推广。

短视频的巨大流量为直播间导入了更多的用户，因此短视频平台的直播间应好好利用起来，同样在预算充足的情况下，建议优先投放垂直领域头部、中腰部的KOL，这些账号的用户群体较为精准、黏性较强、对主播推荐的活动的参与度高且购买率也较高。

6.3.3 其他平台

微博、知乎、头条号也是宣传推广的重点渠道。

1. 微博

微博是目前仅次于短视频的年轻群体用户聚集地，月活用户超过1个亿，这类用户喜欢追热点、敢于尝试新鲜事物、积极性较高，是做活动宣传时不可错过的目标人群之一。微博的推广方式有很多，具体如图6-24所示，根据预算与活动需求选择适合的推广方式即可。

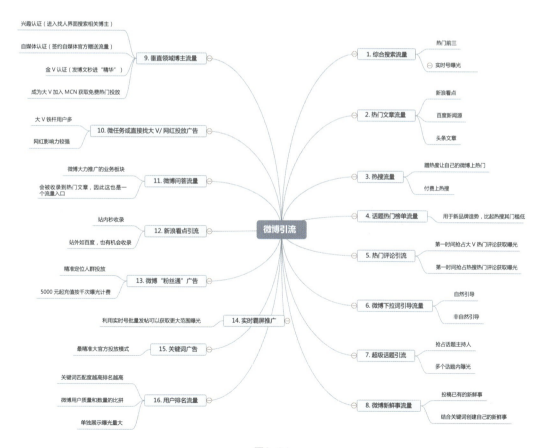

图6-24

微博"粉丝通"是基于微博的海量用户，把企业信息广泛传递给"粉丝"和潜在"粉丝"的营销产品，它会根据用户属性和社交关系将信息精准地投放给目标人群，同时"粉丝通"也具有普通微博的全部功能，如转发、评论、收藏等。

通过搜索博文中某一关键词搜索到发布这条博文的账号称为微博实时号。只有实时号发布的内容才能被用户实时看到，才能成为精选热门微博，从而被更多用户看到发布的内容，提高内容阅读量。

2. 知乎

知乎是一个专业性较强的问答平台，用户群体大多为收入高、学历高、素养高的"三高"人士。在知乎上沉淀了各个领域的名人、专家、学者，其影响力是巨大的。对于知乎平台，不太适合做短期的活动宣传，而适用于长期的活动积累，如果一项活动持续的时间较长（如3个月、半年等），可通过知乎平台做长期的用户积累，具体的操作方式如图6-25所示。

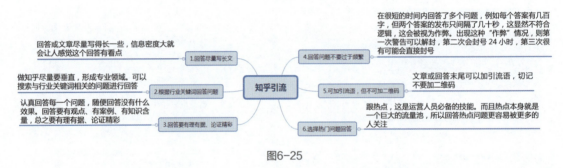

图6-25

文中加入二维码，容易被平台识别恶意引流，进而对账号进行封禁处理，得不偿失，因此不建议在引流时直接加入二维码。

3. 头条号

今日头条目前拥有4亿用户群体，用户活跃度高。最重要的是头条号文章内部允许插入外链，可以将用户直接引流到店铺或活动H5中，最大程度地提高了转化率。

除头条号，还可以选择大鱼号、企鹅号、百家号、搜狐号、网易号等知名平台进行宣传推广。但有一点需要注意的就是，在推广过程中切忌触犯各个平台的规则。

在通过以上方式进行推广、宣传、引流时，需提前准备好承接用户的载体，建议优先考虑企业微信号、微信个人号、微信社群这3个载体。

6.4 项目实施

宣传、推广后,活动就该上线,正式开始启动了。活动实施分为上线前测试、用户互动与活跃、人员分工、活动效果统计4个环节。

6.4.1 上线前测试

在活动正式开始前运营人员需在团队内部进行活动测试,排查活动安排是否有技术上的问题。例如海报是否能够正常扫码、整个转化路径是否顺利等,避免由于各种技术性的问题而影响最终结果。

当团队内部认为活动在技术上没有问题时,接下来再找20~50位真实用户进行内测,收集用户的使用反馈,并根据用户意见来优化活动细节。

6.4.2 用户互动与活跃

内测完成后,活动正式启动,在活动进行中用户的互动与活跃数据尤为重要。

用户互动可分为两个角度来看,一是活动本身与用户之间的互动,二是参与活动的用户之间的互动。

一个充满人情味的主办方更容易受到用户的青睐,尤其是在活动初期,用户基数不够大,需要由主办方充当用户、引导用户参与活动,如一场课程裂变活动在初期没有启动量,需要运营人员自己发送朋友圈,呼吁微信好友进行转发、裂变,对于转发朋友圈的好友进行点赞、评论,激起用户的活动参与度。而当活动进行到中后期时,已经积累了一定数量的用户,那么就需要利用用户与用户之间的互动,增加活动的丰富度及社交属性,进一步提高用户参与活动的积极性。

6.4.3 人员分工

在活动开启以后,会吸引大量的用户沉淀,这时需要由专门的人员来负责用户引导、转化、维护、裂变等工作,需要运营人员在前期开始时设置好人员分工,尽量保证满足每一位用户的需求,给每一位用户贴心的服务,具体的人员分工可以参考6.1.3小节里的人员分工一览表,制订活动开启后的分工机制。

6.4.4 活动效果统计

判断一场活动是否成功,是否达到了预定的目标,最直观的方法就是对活动效果进行统计总结。一份简易的活动效果数据统计表如图6-26所示,运营人员可以根据活动属性增添或删减需统计的相关数据。

活动效果统计表		
活动页面浏览量	签到人数	
	访问次数	
	播放次数	
	评论次数	
活动参与人数		
用户注册数据		
用户成交统计		
活动分享数		
用户数据	性别	
	地域	

图6-26

6.5 活动后期传播

活动结束后,运营人员还需要进行活动的后期宣传与传播,以形成长尾效应,扩大品牌知名度、提高品牌曝光度、吸引其他感兴趣但未来得及参与活动的目标用户,为下一次活动积累初始启动流量。后期的活动传播可以借助图片、文章、视频、音频来进行,主要有六大传播渠道,如图6-27所示。

图6-27

6.6 总结复盘

活动结束后,运营团队需要对整个活动进行复盘分析,将整场活动数据化,从中找出优点及缺点,提出优化改进建议,一场活动需要复盘的主要内容如图6-28所示。建议有能力的团队可以将活动内容及数据形成一份报告存档,一方面避免此后活动再犯同样的错误,另一方面可以充当企业新人学习的资料。

阶段	项目	项目细则	负责人	10月									11月							
				23	24	25	26	27	28	29	30	31	1	2	3	4	5	6	7	8	9	10	11	12	13	14	15	16
筹备期	撰写项目方案	撰写项目方案																										
	确定方案	确定项目方案																										
	撰写文案	确定海报文案																										
		确定详情页文案																										
		确定流程引导文案(话术)																										
	活动奖品确定	活动排名前10的奖品																										
	素材收集	收集可以用来为起期福利的资料包																										
		收集用户评价																										
	联系渠道	梳理所有可用于宣传的渠道																										
	工具测试	测试活动系统、活码工具、群管系统																										
	上线测试	小范围上线测试,分析关键节点数据,若有问题则查找原因并解决																										
		再次测试直到数据效果较好为止																										
推广期	大规模推广	全渠道播重推广																										
	风险预案	若推广期出现风险,则启动相应的风险预案																										
	方案优化	实时观察数据优化流程、文案、方案等																										
	收集传播素材	实时收集传播活动效果,如卖得多、卖得快																										
	收集复盘素材	实时收集可写成复盘文章的素材,以便活动后做宣传																										
结束后	整理活动数据	整理活动各流程节点的数据并做分析、复盘																										
	整理获奖名单	整理活动前10名用户并联系发送奖品																										
	整理目应素材	整理活动素材,数据等写成复盘文章做传播(品牌曝光)																										

图6-28

6.7 同步强化模拟题

一、单选题

1. 以下不属于产品策划市场背景分析的内容是（　　）。

   A. SWOT 分析　　B. 消费者分析　　C. 得出结论　　D. 竞争产品分析

2. 以下不属于常用的 H5 制作工具的是（　　）。

   A. 易企秀　　　　B. V5KF　　　　C. iH5　　　　　D. 秀米

3. "0 元试用、下午 4 点开始，前 1000 名下单用户第 2 件 1 元""连续打卡 5 天，并分享朋友圈即可领取课程红包优惠券"等属于产品活动方案中的（　　）。

   A. 活动目的　　　B. 活动主题　　　C. 活动内容　　　D. 互动范围

二、多选题

1. 产品策划方案中，（　　）是产品描述及核心利益点的内容。

   A. 产品机遇

   B. 产品各要素相对竞品的优势

   C. 新品相对竞品的诸多好处中有什么特别优势

   D. 产品详细信息描述

2. 经费充足时，短视频推广，运营人员可以优先选择（　　），联合做活动推广。这些账号的用户群体较为精准、黏性较强、对主播推荐的活动或产品参与度，购买度较高。

   A. 垂直领域头部　　B. 明星　　　　C. 中腰部 KOL　　D. 网红

3. 一个活动运营的项目实施阶段包括（　　）环节。

   A. 小组分工　　　B. 用户互动　　　C. 上线前的测试　D. 宣传与推广

   E. 活动效果统计

三、判断题

1. 活动中的用户互动情况可以从活动本身与用户之间的互动，以及参与活动的用户之间的互动这两个角度来看效果。（　　）

2. 活动结束后，运营人员及团队成员一起对整个活动进行复盘分析总结，因此复盘的主要内容是对活动的总结，没有固定的形式。（　　）

3. 活动宣传短视频内容具有"短、小、精"的特点，需要结合活动主题、产品调性、平台属性策划出用户喜欢的短视频内容。（　　）

4. 如果一场活动在初期没有启动量，则需要运营人员自己发送朋友圈，呼吁微信好友进行转发、裂变，对于转发朋友圈的好友进行点赞、评论，激起用户的活动参与度。（　　）

6.8 作业

1. 根据中秋这一节日为五仁月饼撰写一份活动方案。
2. 根据第1题撰写出的活动方案中的主题撰写一份活动推广方案。
3. 为上述活动设计至少3条短文案、1篇软文。

第 7 章

数字媒体运营实战案例

数字媒体运营所涉及的内容运营、活动运营、用户运营、产品运营等不同类型的工作内容,并不是互相独立的,往往是要相互结合在一起才会形成一个完整的闭环。本章主要拆解完美日记"探险家十二色眼影"、江小白"我有我味"七夕活动、董明珠直播带货3个案例,进一步介绍策划及开展运营活动的流程环节。

7.1 实战案例

7.1.1 案例一：完美日记"探险家十二色眼影"发售活动

2019年3月，完美日记推出"探险家十二色眼影"系列发售活动，活动热度持续了一个多月，引爆了产品销量，如图7-1所示。

图7-1

1. 活动主题

本次活动主题为"在美的世界里，人人都是探险家"，非常契合品牌"年轻一代不被外界标签束缚，而是努力地突破自我，积极地探索人生更多的可能性，遇见更优秀的自己"的理念，奠定了活动的主基调。

2. 活动目的

发售"探险家十二色眼影"新品，迅速打开新产品的市场知名度、提高产品的市场占有率。

3. 用户群体

完美日记作为新兴国产美妆品牌，其用户群体大多为来自一二线城市有一定经济基础的"90后"年轻女性。

4. 地域

"探险家十二色眼影"主要以线上发售为主，因此几乎不受地域限制。

5. 起止时间

2019年3月13日官方正式推出活动，其话题讨论热度一直持续到2019年4月15日。

6. 物料清单

完美日记非常注重明星、KOL与"粉丝"之间的联系，因此在每次活动前都会准备好与明星的合作通稿、KOL的宣传文案、公众号推文。

7. 宣传推广渠道

"探险家十二色眼影"的宣传渠道包括但不限于小红书、微博、B站、抖音、淘宝等平台，充分利用了每一个平台的特性采用了具有针对性的运营策略。

（1）小红书KOL投放。

小红书是完美日记的重要运营平台之一，其官方账号拥有约196.4万的用户。在平台上本次"探险家十二色眼影"的分享笔记超过了8万篇。

在小红书上完美日记的投放策略倾向：头部达人、明星等负责给用户"种草"（介绍产品的好处、亮点），并与普通用户使用后的真实体验形成鲜明对比，充分利用名人效应与口碑效应打造爆款产品。

完美日记官方小红书账号的表现远远比其他美妆主流品牌优秀得多，这主要得益于一些KOL在各阶段进行的分散式高密度传播，维持了产品讨论的热度。

（2）微博。

官方微博以发布"完美日记动物眼影"的话题助力新品上线，随后联合"微博时尚"和"微博美妆"发起"0元试用活动"，将产品宣传推入高潮。这次的免费试用活动主要是为了扩大品牌知名度，有2.73万人申请了本次活动，为完美日记贡献了60%的产品曝光率。

（3）B站。

B站用户群体偏向年轻化，与品牌用户群体有大面积重合，因此B站也是品牌投放的重要渠道之一，其投放内容主要包含妆容教程、试色等，但视频总量不多，当时能够搜索到的关于"探险家十二色眼影"的视频不超过300条，这与小红书的8万篇分享笔记相对比，明显能够看出完美日记的宣传主阵地在小红书上。

（4）抖音、快手、淘宝直播。

"探险家十二色眼影"在抖音、快手平台的宣传主要以"新品宣传"和"妆容展示"为主。直接将产品链接嵌入视频中，让用户在看到视频、对产品感兴趣时可直接点击购买，从而缩短了转化路径，实现了有效转化。

淘宝是完美日记的重要阵地，品牌邀请了上千位主播对产品进行了超过上万场的直播带货推荐，其中不乏像李佳琦这样的头部大主播。

（5）微信公众号。

完美日记官方微信公众号的推文主要将新品推荐和周年大促结合起来，借助新品福利和趣味性格测试内容成功吸睛。而周年大促之后的半价优惠和留言送礼的活动再次调动起用户的互动热情。

可见，完美日记本次"探险家十二色眼影"新品发售活动主要采取"小红书持续种草""微博集中曝光""其他平台辅助"的组合策略。

8. 活动规则

　　本次"探险家十二色眼影"发售活动没有设置购买门槛，但却为前10000名下单用户设置了"第2件1元"的购买优惠。

9. 用户维护

　　完美日记重视私域流量的运营，比如在用户购买的包裹中随机放入红包、优惠券等福利卡片，引导用户扫描卡片上的二维码添加官方客服号"小完子"，再通过微信个人号、朋友圈等渠道，宣传各种产品折扣福利，从而将用户顺利邀请进社群，然后通过社群给用户推送更多的产品福利，完成多维度的转化，如图7-2所示。

10. 后期传播

　　"探险家十二色眼影"发售活动结束后，完美日记并没有停止对产品的宣传。又先后上线了"小猪盘""猫咪盘""小狗盘"等一系列眼影盘。其宣传途径和策略与"探险家十二色眼影"新品发售时一样。

11. 活动效果

　　"探险家十二色眼影"一经上线，就受到了用户的疯狂抢购，其销量迅速冲到了完美日记官方旗舰店销量榜的前十，同时带动了其他产品的销量，扩大了完美日记的品牌知名度，收获了大量好评，如图7-3所示。

图7-2

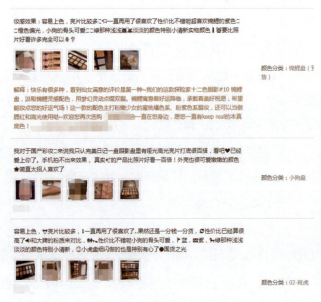

图7-3

12. 活动亮点

第一,免费试用申领活动和周年大促相结合,增强产品传播力的同时为品牌沉淀用户。

第二,重视品牌官方账号的日常运营和用户维护。

第三,主要通过KOL进行分散式、多平台的高密度传播,投入少,产出大。

7.1.2 案例二:江小白七夕"我有我味"活动

江小白之所以能够在白酒领域迅速脱颖而出,离不开广告文案的创新及多样的社会化营销方式,其文案堪称业界经典,深受年轻群体喜爱。接下来就以江小白七夕的主题活动进行拆解分析。

1. 活动主题

本次活动的主题为"我有我味——蜜桃味江小白",非常契合江小白的品牌理念及其所倡导的小众、犀利、个性的生活态度。并且"蜜桃味"十分符合七夕情人节的甜蜜气氛,从而奠定了活动的甜蜜、个性的主基调。

2. 活动目的

借力七夕情人节的热点,通过抖音短视频对蜜桃味江小白进行宣传推广,从而提高产品销量。

3. 用户群体

江小白的用户群体定位是"80后"和"90后"的新文艺青年。

产品定位是概念酒,而非品质酒,所以可以满足喜爱喝酒但又不会去消费高价酒的年轻人。

4. 地域

江小白主要以线上营销为主,因此几乎无地域限制。

5. 起止时间

活动的起止时间为8月24日至8月25日。8月25日是中国传统节日七夕,江小白提前一天拍摄、发布抖音短视频,利用节点为产品宣传造势。

6. 宣传推广渠道、方式

(1)发布短视频。

江小白在抖音上的官方账号发布了一条七夕剧情类短视频,将蜜桃味江小白植入短视频中。

而且在视频标题处加入了"七夕"的热点话题,比起"硬广",用户更愿意看一个七夕的温情故事,并且视频利用了热点话题"#七夕#情感"为视频导流,如图7-4所示。

(2)制造话题。

抖音平台可以根据精准话题快速定位视频内容,从而将视频推送给更多的精准人群,因此江小白在抖音上发起了"#蜜桃味江小白"的话题,如图7-5所示。通过话题展现的方式,促进用户进行视频拍摄,并分享到抖音。这样在增加品牌宣传曝光量的同时,也加深了品牌与用户的互动性。此条话题下有392个视频,播放量为221.2万次,也就相当于为蜜桃味的江小白贡献了221.2万次的曝光量。

图7-4

图7-5

(3)达人合作。

江小白在选择抖音达人合作时,优先选择了垂直领域的达人,如调酒师、品酒师、美食达人、酒吧蓝V账号等,相比于其他达人,这类垂直领域达人的"粉丝"更加精准,转化率更高。

(4)花式混饮。

江小白推出了很多组合模式,在抖音上可以搜索到很多江小白与其他饮料混饮的视频,如图7-6所示。江小白通过这种方法收获了很多不喝酒的"粉丝"。

图7-6

7. 活动效果

虽然在2018年这款蜜桃味的酒曾卖出100多万箱,但凭借此次七夕节的热点,江小白蜜桃酒在抖音上又火了一把,引领了酒文化的新潮流。

8. 活动亮点

虽不是发布新品,但利用"七夕"这个节日热点,赋予老产品新卖点,迎合节日气氛。

在短视频内直接挂"小黄车"(抖音视频左下角的购物车)无须跳转至第三方平台下单,缩短了成交路径,如图7-7所示。

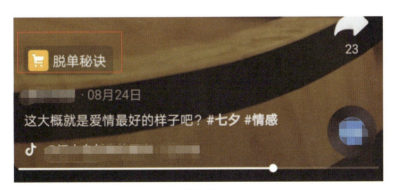

图7-7

9. 待优化处

在抖音平台上只发布了一条视频,成交量较少,转化率不如在官方旗舰店的成交量。

活动后期未对产品进行二次宣传。

7.1.3 案例三：董明珠分销直播带货

董明珠在快手平台尝试直播带货，创造3小时成交额突破3亿元的战绩，成为新一届的"带货女王"，其分销直播带货模式非常值得学习，接下来拆解一下她的直播模式。

1. 直播主题

董明珠在快手平台的直播主题为"让世界爱上中国造"，与抖音直播"董明珠带你走进格力制造"的主题相比，其"带货"意味更浓。

2. 直播目的

第一次抖音直播场地设在格力总部的展厅，采用走播的形式带领直播间用户了解格力的企业文化，参观展厅等，更多是为了宣传格力品牌。而在快手上的直播则搭建了专业的直播间，主要以卖货、为经销商探索新出路、扩大产品知名度与影响力为主。

3. 活动类型

本次活动采用的是在快手平台直播的形式，由品牌代言人董明珠上场为格力电器直播宣传，代言费几乎为零，大大节省了活动成本。不过这种形式并不适合所有品牌，必须企业内部有知名度高的人员才行。

4. 用户群体

本次直播面向的用户群体主要为25～45岁对电器有需求的群体。

5. 地域

直播主要依靠互联网，因此几乎无地域限制。

6. 活动时间

活动时间为2020年5月9日至2020年5月10日。5月9日当天对第二天直播进行宣传造势，5月10日晚7点30分直播正式开始。

7. 宣传推广渠道、方式

（1）线下经销商。

格力拥有3万多家线下商店（网点），数十万销售人员，形成了庞大的信息分发矩阵。格力充分利用了这些资源，发动线下的经销商与线下网点实现线上、线下双联动，将用户统一集中到直播间进行销售转化，实现同货源、同期、同价格的销售模式，给直播间用户最大程度的优惠政策，让本来就有购买意愿的用户难以拒绝，进一步提高了直播间的转化率。

（2）微博。

格力电器、董明珠的自媒体、快手官方账户都发布了当晚直播活动的宣传海报，并在微博上发起了"#董明珠快手直播首秀#"的微博话题。

（3）微信公众号。

格力电器官方微信公众号与其他公众号（如卡思数据、36氪、创业邦），对董明珠本次直播进行软文宣传。

（4）快手首页头部推荐位置。

直播当天，快手提供了首页头部的推荐位置，几乎当天快手上的所有公域流量都在为董明珠当晚直播铺路。除了给到公域流量的扶持外，快手还安排了快手主播"二驴""驴嫂平荣"等多位达人与董明珠同台带货直播，变相将私域流量导向董明珠的直播间。

8. 产品转化路径

直播间的产品转化路径为线下经销商将自己的专属二维码分享给邀请进直播间的用户，用户先扫码，之后再进入直播间，由董明珠在线直播统一完成转化，而后台系统可以通过二维码识别直播间用户属于哪位经销商，从而实现了用户与经销商的绑定，通过绑定关系来结算费用和产品。

（1）第一笔费用。

假设北京的格力经销商为直播间带来了1000台空调的成交，销售额是350万元。那么格力总部将费用支付给北京格力经销商350万元。这1000台空调由北京格力经销商进行发货和售后维护。350万元销售额减掉成本，剩下的就是北京格力经销商的利润。

（2）第二笔费用。

直播间的用户并不全是由经销商邀请进来的，还有通过其他渠道（如快手的头部推荐、格力官方宣传等渠道）进入的，而这些用户一旦在直播间下单，无法追溯到经销商，格力会按照就近原则将用户分配给当地的经销商，经销商可以赚取安装空调的服务费。

9. 活动后期宣传

直播活动结束当晚，快手立即发布了直播成交额突破3.1亿元的宣传海报。各大媒体网站也在第二天发表了对董明珠本次直播的新闻稿，其中不乏有影响力的大V媒体。

10. 活动效果

活动直播开始30分钟，仅上架了3款格力产品，董明珠就已经完成了事先预定好的1个亿的销售目标，直播结束时销售额已远超3个亿，超额完成目标，其中仅一款单品（正1.5匹品悦单冷定频空调）的成交额就突破1个亿。

11. 活动亮点

普通直播带货大多数是靠主播自己的团队进行引流和转化，但董明珠的直播带货是靠全国的经销商共同完成的。这对微商团队的成长和拥有众多经销商的品牌具有很强的借鉴意义。

7.2 同步强化模拟题

一、单选题

1. 以下案例运营中，哪一个案例是通过迎合节日气氛，赋予老产品新卖点，成功策划一系列的运营活动的？（ ）

    A. 探险家"十二色眼影"　　　　　　B. 我有我味——蜜桃味江小白

    C. "学会写作"社群招新　　　　　　D. 董明珠直播带货

2. 董明珠在快手平台上直播带货，创造了3小时成交额突破3亿元的成绩，成为新一届的"带货女王"，其直播间的产品转化路径是（ ）。

    A. 用户扫码→进入直播间→在线直播统一完成转化→后台识别用户→用户与经销商的绑定→结算费用和产品

    B. 线下经销商制作专属二维码分享给用户→用户扫码→进入直播间→在线直播统一完成转化→后台识别用户→用户与经销商绑定→结算费用和产品

    C. 进入直播间→用户扫码→后台识别用户→用户与经销商的绑定→结算费用和产品经销商的绑定

    D. 展现量→浏览量→点击量→咨询量→购买量

3. 一场活动的运营要将（ ）结合在一起才会形成一个完整的闭环。

    A. 内容运营、活动运营、用户运营、产品运营

    B. 平台运营、内容运营、活动运营、复盘运营

    C. 活动运营、直播运营、用户运营、产品运营

    D. 平台运营、内容运营、用户运营、产品运营

4. "完美日记"重视（ ），以产品为主，引导用户进入社群，推送更多产品福利，完成多维度的转化。

    A. 公域运营　　　B. 商域运营　　　C. 私域运营　　　D. 以上都是

二、多选题

1. 格力"直播分销"带货的成功得益于（ ）。

    A. 庞大的线下经销商和零售店　　　　B. 线上、线下双联动

    C. 实现同货源、同期、同价格的销售模式　　　D. 优惠政策

2. 江小白七夕"我有我味"活动的宣传推广渠道、方式主要运用了（　　）。

A．发布短视频　　B．制造话题　　C．达人合作　　D．B站

E．花式混饮

3. "完美日记"的主要运营渠道（　　）。

A．小红书KOL投放　　　　B．微博　　　　　　C．B站

D．抖音、快手、淘宝直播　　E．微信公众号

三、判断题

1. 点击抖音视频左下角的黄色购物车，可以跳转到第三方平台下单。（　　）

2. 董明珠在快手上直播目的主要以卖货清库存，为经销商探索新出路，扩大知名度和影响力为主。（　　）

3. "江小白"在选择抖音达人合作时，优先选择了垂直领域的达人，因为这类领域达人的"粉丝"更加精准，转化率更高。（　　）

7.3 作业

1. 拆解"极光单词"的用户精细化运营模式。
2. 至少找出"极光单词"的用户精细化运营模式案例中3个可以借鉴的亮点。

附录 同步强化模拟题答案速查表

第1章 认识数字媒体运营

一、单选题

题号	1	2	3	4	5
答案	C	B	D	D	D

二、多选题

题号	1	2	3
答案	ABCD	ABD	ABDEF

三、判断题

题号	1	2	3
答案	×	√	√

第2章 图文类媒体平台运营实务

一、单选题

题号	1	2	3	4
答案	A	B	A	C

二、多选题

题号	1	2	3	4	5
答案	ADEH	ABC	AB	ABCDE	ABCDE

三、判断题

题号	1	2	3	4
答案	√	×	√	×

第3章 短视频媒体运营实务

一、单选题

题号	1	2	3	4	5
答案	B	A	A	C	D

二、多选题

题号	1	2	3	4
答案	ABCD	ABC	ACEF	BCD

三、判断题

题号	1	2	3
答案	×	√	×

第4章 直播运营实务

一、单选题

题号	1	2	3	4
答案	C	A	C	D

二、多选题

题号	1	2	3	4
答案	ABDE	BCDEF	ABCD	BDG

三、判断题

题号	1	2	3
答案	√	√	×

第5章 用户运营

一、单选题

题号	1	2	3	4	5
答案	C	D	B	A	A

二、多选题

题号	1	2	3
答案	ABC	BCD	ABCD

三、判断题

题号	1	2	3
答案	√	×	√

第6章 如何运营一场活动

一、单选题

题号	1	2	3
答案	A	B	C

二、多选题

题号	1	2	3
答案	BCD	ABD	ABCE

三、判断题

题号	1	2	3	4
答案	√	×	×	√

第7章 数字媒体运营实战案例

一、单选题

题号	1	2	3	4
答案	B	B	A	C

二、多选题

题号	1	2	3
答案	ABCD	ABCE	ABCDE

三、判断题

题号	1	2	3
答案	×	√	√